Pare!

Emily P. Freeman

Pare!

Saiba a hora de ficar ou dar o fora nas situações da vida pessoal, profissional e amorosa

Tradução: Laura Folgueira

principium

Copyright © 2025 by Editora Globo S.A. para a presente edição
Copyright © 2024 by Emily P. Freeman

Todos os direitos reservados. Nenhuma parte desta edição pode ser utilizada ou reproduzida — em qualquer meio ou forma, seja mecânico ou eletrônico, fotocópia, gravação etc. — nem apropriada ou estocada em sistema de banco de dados sem a expressa autorização da editora.

Texto fixado conforme as regras do Acordo Ortográfico da Língua Portuguesa
(Decreto Legislativo nº 54, de 1995)

Título original: *How to Walk into a Room: The Art of Knowing When to Stay and When to Walk Away*

Editora responsável: Amanda Orlando
Editor assistente: Rodrigo Ramos
Preparação de texto: Jane Pessoa
Revisão: Mariana Donner
Diagramação: Abreu's System
Capa: Equatorium Design

1ª edição, 2025

CIP-BRASIL. CATALOGAÇÃO NA PUBLICAÇÃO
SINDICATO NACIONAL DOS EDITORES DE LIVROS, RJ

F93p

Freeman, Emily P., 1977-
Pare! : saiba a hora de ficar ou dar o fora nas situações da vida pessoal, profissional e amorosa. / Emily P. Freeman ; tradução Laura Folgueira. – 1. ed. – Rio de Janeiro : Principium, 2025.
256 p. ; 21 cm.

Tradução de: How to walk into a room: the art of knowing when to stay and when to walk away.
ISBN: 978-65-8813-255-5

1. Tomada de decisão – Aspectos religiosos – Cristianismo. 2. Mudança – Aspectos religiosos – Cristianismo. 3. Autorrealização (Psicologia) – Aspectos religiosos – Cristianismo. I. Folgueira, Laura. II. Título.

25-92897

CDD: 158.1
CDU: 159.947.5

Gabriela Faray Ferreira Lopes — Bibliotecária — CRB-7/6643

Direitos exclusivos de edição em língua portuguesa para o Brasil adquiridos por Editora Globo S.A.
Rua Marquês de Pombal, 25 — 20230-240 — Rio de Janeiro — RJ
www.globolivros.com.br

Para Ava, Stella e Luke.
Este sempre foi para vocês.

*Para tudo há um tempo, para cada coisa
há um momento debaixo do céu: tempo de nascer
e tempo de morrer; tempo de plantar e tempo de colher.
Tempo de matar e tempo de curar; tempo de demolir e
tempo de construir. Tempo de chorar e tempo de rir;
tempo de gemer e tempo de dançar. Tempo de atirar pedras
e tempo de ajuntá-las; tempo de abraçar e tempo de apartar-se.
Tempo de procurar e tempo de perder; tempo de guardar
e tempo de jogar fora. Tempo de rasgar e tempo de costurar;
tempo de calar e tempo de falar. Tempo de amar e
tempo de odiar; tempo de guerra e tempo de paz.*

Eclesiastes 3, 1-8

Sumário

**PARTE I — SOBRE IR EMBORA: COMO SAIR
DE UMA SITUAÇÃO**.. 11
1. Cômodos e scripts.. 21
2. Apontar e falar 35
3. Identificar o fim... 49
4. Lembrar seu caminho.. 61
5. Praticar mudar de ideia 87

**PARTE 2 — SOBRE PAUSAR: DISCERNIMENTO
NO CAMINHO**... 107
6. Setas e respostas.. 113
7. Paz ou evitação 137
8. Prontidão ou pontualidade..................................... 153
9. Finais e encerramento 169

PARTE 3 — SOBRE MUDAR: COMO ENTRAR EM UMA NOVA REALIDADE 187

10. Entrar como líder 193
11. Entrar como ouvinte 211
12. Entrar como seu próprio amigo 229

Notas 245
Agradecimentos 249

PARTE I
SOBRE IR EMBORA:
COMO SAIR DE UMA SITUAÇÃO

SHIRLEY TEMPLE SAI DE HOLLYWOOD aos vinte e dois anos, para depois se tornar embaixatriz dos Estados Unidos. Os Beatles dão seu último show juntos em 1969, anunciando o término da banda alguns anos mais tarde. Richard Nixon renuncia seu mandato em 1974. Michael Jordan se aposenta do basquete (todas as três vezes). Oprah Winfrey termina seu talk show depois de vinte anos. Steve Carell sai do elenco de *The Office* antes do fim da série. O duque e a duquesa de Sussex abdicam de seus papéis como membros sêniores ativos da realeza e se mudam para a Califórnia. Simone Biles sai da competição por equipes ao vivo na TV nas Olimpíadas de 2021. Beth Moore sai da Convenção Batista do Sul.

Todas essas saídas, embora tenham contextos, históricos, escopos e impactos substancialmente diferentes, têm algo em comum: aconteceram publicamente. Ou lemos sobre elas nos livros de história, ou as vimos anunciadas em manchetes, coletivas de imprensa ou especiais de televisão em horário nobre, e todos temos nossas opiniões, impressões, indignações e nostalgia em relação ao assunto. Algumas foram forçadas, outras, antecipadas, algumas, discernidas. Mas em nenhuma delas temos acesso a conversas, dificuldades, questionamentos, confusões, aceitação, animação, histórias completas ou decisões de bastidores. Não podemos assistir ao processo de discernimento em ação. E, mesmo assim, todos passamos por saídas e fins em nossa vida. Este livro é sobre o que acontece nos cômodos atrás de nossas próprias portas fechadas, nos bastidores e sob a superfície, e que leva a nossos próprios términos, partidas e despedidas.

Seja um emprego, uma amizade, uma comunidade, uma casa ou um hábito, há milhões de motivos para talvez ser difícil imaginar ir embora, especialmente se aquele espaço, relacionamento ou comunidade foi muito importante para você. Se você estiver numa fase da vida em que considera fazer uma mudança, eis algumas perguntas que pode estar se fazendo:

Devo ficar ou é hora de ir embora?
Será que eu tenho permissão de fazer essa pergunta?
O quanto algo tem que ser ruim antes de eu conseguir abrir mão?
E se eu ajudei a construir este lugar?
E se este lugar me construiu?
E se eu ficar e nada mudar?
E se eu for embora e tudo desmoronar?

Nossa vida toda é como uma casa, e cada compromisso, comunidade, papel e relacionamento é como um cômodo. Em algum ponto, vamos nos ver entrando em novos cômodos, saindo de cômodos antigos, ficando trancados do lado de fora de outros ou olhando cômodos familiares e questionando se é hora de seguir em frente. Espero que essa metáfora fundamental de considerar os cômodos de nossa vida possa ser útil para você avaliar em quais deles está atualmente, de quais pode ser hora de mudar ou sair, e quais novos cômodos podem estar o esperando.

Ao tomar esses tipos de decisões, em geral, estamos procurando clareza e certeza. Mas o tipo de clareza que queremos não é o tipo que conseguimos em listas, livros ou fórmulas. A maioria das coisas que sabemos não foi aprendida em sala de aula. Tendemos a duvidar desse tipo de conhecimento porque não podemos anotar, fazer referências cruzadas, criar notas de rodapé ou citar. Não podemos explicar, transformar em diagrama ou defender num tribunal. Quando algo entra em nossa vida — uma dúvida, uma inquietude, uma sensação de que é hora de mudar — e achamos difícil pôr em palavras ou tentamos expressar e somos dispensados ou ignorados, faz sentido começarmos a terceirizar nossa confiança.

Claro que não sabemos tudo. Mas concordo com o poeta Pádraig Ó Tuama, que diz: "Talvez saibamos mais do que sabemos que sabemos".[1] Eu mesma ainda estou aprendendo isso. Minha esperança para você é que este livro seja o começo do fim de sua compulsão inconsciente de confiar em todos os outros mais do que em si mesmo, não como substituto de Deus ou de uma comunidade, mas numa parceria amorosa com eles, como alguém que tem voz, que pertence, em quem se pode confiar.

Como diretora espiritual, passo muito tempo ouvindo as pessoas fazerem perguntas sobre sua vida. A maior parte de meu treinamento teve menos a ver com aprender a ouvir e mais com aprender a desaprender todas as formas tóxicas que geralmente ouvimos: para aconselhar, para sair por cima, para ajudar. Meu papel não é dar uma resposta, mas abrir espaço para as pessoas ouvirem a própria vida na presença de Deus, observar sinais grandes ou pequenos de esperança, direção, clareza e luz.

É provável que, o que quer que seja que você esteja enfrentando, sua busca seja por direcionamento e alívio. Espero que as

PARE! 15

histórias, perguntas, práticas e orações deste livro lhe deem isso. Mas também acho que vale a pena notar que o processo de discernimento não tem necessariamente a ver com fazer uma pergunta e sair com uma resposta clara. Discernimento é um processo de formação necessário para aumentar nossa fé, para nos ensinar o que significa ouvir Deus e para nos atrair para a comunidade. Tem a ver com nos tornarmos pessoas completas e liderar com confiança a partir daí. Tudo isso faz parte de nossa formação: mente, corpo e alma.

No cômodo de direção espiritual, perguntas sempre são permitidas. Em nossa jornada juntos por estas páginas, torço para que este livro seja um espaço assim para você. Não há pergunta proibida. Não há consideração grande ou pequena demais. Você tem permissão de se apresentar por inteiro, sentir raiva, rir, chorar. Tem permissão até de se esconder, evitar, protelar ou se proteger. Não há segundas intenções aqui.

Nesta primeira parte, vamos fazer um inventário dos cômodos de sua vida, prestando particular atenção naqueles que você talvez esteja questionando (ou que estão questionando você). Quando você estiver ciente dos espaços em questão, vou servir como companhia pelo caminho, oferecendo práticas em que se engajar e perguntas a considerar conforme você começa a esclarecer sua próxima ação.

Na Parte 2, vamos seguir o caminho, confrontando algumas concepções errôneas comuns sobre ficar e partir. Consideraremos o que levar ao sair de um cômodo e o que deixar para trás, e examinaremos suas narrativas sobre respostas, paz, prontidão, pontualidade e encerramentos.

Finalmente, na Parte 3, vamos explorar como entrar em uma nova realidade sendo a pessoa que você é mais verdadeiramente: como líder, ouvinte e amigo.

Engajar-se nesse processo de discernimento juntos é meio como acender a luz. Conforme você começa a olhar todos os cômodos que criaram e todos os que estão sendo criados, pode sentir que acender uma luz no teto ou abrir por completo as cortinas é coisa demais, cedo demais. Não tem problema. Minha oração para você é que esse processo se pareça menos com a luz forte de lâmpadas fluorescentes e mais com o tremular gradual de uma vela. Uma chama que ganha vida e cresce suavemente, oferecendo um círculo quente de luz no qual se acomodar.

Ao longo do caminho, vou levá-lo comigo em meu próprio processo de discernimento ao sair de alguns cômodos significativos em minha vida. Vou compartilhar muito de mim, talvez mais do que já compartilhei antes por escrito. Mas minha esperança profunda é de que, ao ler um pouco de minha história, você se sinta acompanhado na sua. Partes de minhas próprias histórias sobre ir embora que vou compartilhar são tão comuns, tão familiares para tanta gente, que hesito em escrever sobre elas por parecerem quase clichês. Mas clichês, por definição, são frases usadas em excesso e levadas tão longe do contexto pretendido que perdem qualquer significado e impacto. Nosso trabalho, portanto, é colocar essas experiências de volta em seus contextos, preencher as partes faltantes e as peças gerais com nuance, especificidade e humanidade. Uma experiência de vida não pode ser um clichê. Trazemos muito de nós para os espaços em que entramos. E, quando é hora de sair, podemos deixar muito de nós para trás. Vou tentar caminhar ao seu lado com propósito, apontando alguns cantos que você talvez tenha esquecido ou ignorado, mas também chamar a atenção para a luz que entra pelas janelas desses cômodos, por mais imperfeitos que sejam. Os livros não devem fazer tudo — algo que às vezes os autores esquecem enquanto escrevem. Espero que você possa me perdoar se eu tentar levar a metáfora longe demais. Confie em si mesmo para saber de quais partes você precisa e quais pode deixar para trás.

Talvez você necessite de alguém para lhe dizer que, não importa o quanto você queira algo, reze por algo ou se esforce para conseguir, se o cômodo já não parece comportar, é bom começar a explorar o motivo. Você tem permissão de fazer perguntas. Tem permissão de reconsiderar. Tem permissão de olhar ao redor e olhar de novo. Sou sincera em meu desejo de não dizer a você como deve ser isso, o que pode vir daí ou o que você deveria fazer em seguida. Mas o que posso fazer é oferecer uma estrutura para suas perguntas e uma seta para a próxima coisa certa. Não importa a quais questões você perceba que está se apegando hoje — planos a serem feitos, respostas a serem dadas, relacionamentos dos quais cuidar, mistérios implorando para serem resolvidos —, talvez esse lembrete seja orientação suficiente para começarmos. Enquanto passamos a abrir espaço para esta conversa, você pode fazer suas perguntas, e espero que permita que eu faça as minhas.

"Um dia, seus filhos vão se casar neste salão." Digo isso a minha amiga Anna com uma confiança espontânea enquanto ambas olhamos para a frente, apoiadas em lados opostos do batente da porta, absorvendo a cena. A luz invernal de uma manhã de janeiro entra no grande cômodo retangular, espelhando minha esperança de novos começos.

É 2019, e a filha mais velha dela é um ano mais velha que minhas gêmeas, todas estão no ensino médio, e nós duas temos filhos no ensino fundamental. Ela assente, claro que todos os nossos filhos vão se casar neste salão. Esta é nossa igreja e o santuário dela, apesar de ainda não parecer muito um santuário.

Hoje, nos encontramos para trabalhar. Logo adiante, no palco improvisado, amigos estão em cima de andaimes e escadas bizarramente altas, se esforçando para pintar painéis de compensado, com as mãos protegidas por luvas de látex azul. À nossa direita, vários grandes banners de lona estão estendidos no carpete de pelagem baixa, esperando para serem instalados na frente de barras de metal e virar placas a serem penduradas perto das salas de aula infantis. O cheiro de madeira e tinta fresca e expectativa paira no ar, com cavaletes e forros onde logo haverá cadeiras.

Faz anos que este santuário em estilo tradicional não tem bancos de igreja, pois a congregação que era dona do prédio antes de nós era mais conhecida por máquinas de fumaça do que por liturgia, e estamos trabalhando todo fim de semana para deixar este velho novo espaço com a nossa cara, querendo que a atmosfera reflita nossa comunidade contemplativa, artística e atenciosa. Somos proprietários do edifício de setenta anos apenas há algumas semanas, mas o trabalho de dar forma a ele está bem encaminhado. O salão em si é adorável mesmo nesta manhã chuvosa, com janelas altas trazendo luz de cada lado, banhando em subtons quentes todos e tudo e todas as ideias do futuro.

Todos nós contribuímos para o fundo da construção, para podermos nos mudar do armazém onde a congregação vinha se encontrando havia anos para este prédio novo para nós, com espaço para crescer. Assinei orgulhosa um cheque grande no fim do ano destinado à compra, e fiquei feliz em fazê-lo.

Parada com Anna na entrada dos fundos do santuário, fazendo uma breve pausa no nosso trabalho, considerando nossa igreja e nosso futuro, imagino meus filhos no dia de seus casamentos, tento ver nossa vida neste espaço — as orações protegidas pelas paredes como um útero, a luz que entrará por estas janelas, a forma como o tijolo exposto contém uma fronteira sagrada para o trabalho das pessoas, a confissão dos credos, a celebração de batismos, a tristeza de funerais, a familiaridade dos rituais das manhãs de domingo. Claro que é só um prédio, mas é também uma promessa. "Eis aqui um espaço ao qual você pertence", diz ele. "Eis aqui um cômodo que testemunhará sua transformação contínua, sua confissão, sua vida e sua fé. Eis aqui seu futuro, seu lar."

Parada ali de moletom, assentindo com a cabeça ao lado de Anna, trabalhando com amigos e pastores queridos com a energia alegre que vem de habitar um espaço novo, eu não poderia imaginar que, dali a quase um ano daquele mesmo dia, estaríamos saindo pela última vez desse cômodo. Eu não poderia imaginar deixar por vontade própria um lugar que amava tanto. Não poderia imaginar na época que, para manter minha fé, eu teria que abrir mão de minha igreja.

1. Cômodos e scripts

Às vezes, aquilo em que nascemos nos cabe muito bem... mas,
se você está se sentindo impelido a explorar uma vida fora das
fronteiras que herdou [...] não deixe velhas histórias o impedirem.

James van der Beek

A regra das dez mil horas afirma que "são necessárias dez mil horas de prática intensa para dominar habilidades e materiais complexos". Essa ideia foi popularizada por Malcolm Gladwell no best-seller *Fora de série — Outliers: descubra por que algumas pessoas têm sucesso e outras não*, supostamente com base num estudo de coautoria de Anders Ericsson, professor de psicologia na Universidade Estadual da Flórida.

Se para se especializar em uma habilidade são necessárias dez mil horas, o mundo todo teria mestrado em ir embora, recomeçar e dizer adeus. Fazemos essas coisas a vida inteira. Já devíamos ser especialistas em saber quando é hora de partir e quando é hora de ficar. Mas e se a forma como temos praticado não estiver resultando em maestria? Praticamos nossas dez mil horas e mais, mas nossa prática é fatigante e cautelosa. Saímos de espaços e entramos em outros novos, mas com frequência nos sentimos magoados, céticos e solitários. Ficamos nos perguntando se as escolhas que fizemos (ou planejamos fazer) são boas.

Desde o lançamento de *Fora de série* — *Outliers*, Anders Ericsson apontou que há um elemento-chave na regra das dez mil horas que Gladwell deixou de fora: *a importância do quanto o professor é bom*.[1] Para nos chamarmos de especialistas, dez mil horas de prática não são suficientes. E se estivermos praticando com uma técnica ruim? Da forma incorreta? Com narrativas equivocadas? Fazer algo por dez mil horas definitivamente levará a uma transformação. Mas a questão é: *de que tipo?*

Passamos a vida toda lidando com chegadas e partidas. Quando pegamos esse conceito das dez mil horas e o aplicamos às formas como decidimos ficar ou partir, estamos sendo formados na direção da paz, da esperança, do amor, da sinceridade? Ou nossa prática está nos levando à amargura, à raiva, à cisão, ao arrependimento? No processo, estamos de fato alcançando nossa própria plenitude? Ou estamos trabalhando para apaziguar outras pessoas e nos perdendo no meio do caminho?

São coisas que fomos forçados a praticar, mas sem nunca termos aprendido direito: como ir embora, como esperar e como recomeçar. No esforço de superar, alguns partiram cedo demais, indo embora por completo, largando tudo sem olhar para trás. Outros partiram na hora certa, mas não tinham contexto de reflexão ou apoio para saber como entrar nos espaços que os esperavam. Outros, ainda, foram forçados a partir, embora quisessem ficar, e acabaram se perguntando: "E agora?". E há também os que ficaram, mas estão se questionando se não deveriam ter partido há muito tempo.

Todos temos muita prática no que diz respeito a tomar grandes decisões sobre ficar ou ir embora. Mas ainda questionamos nosso lugar e nos perguntamos se estamos fazendo a coisa do jeito certo. Assim, caminhamos na fronteira estreita entre saber e não saber, onde nossas perguntas abrem portas para incertezas sobre pertencimento e identidade. É este o limiar em que agora estamos: é hora de ficar ou é hora de partir? Discernir a resposta começa por identificar os cômodos de nossa vida.

Momentos depois do meu nascimento, meu pai tirou uma foto minha, ensanguentada e berrando, com um único tufo de cabelo preto. Minha mãe tem certeza de que sou eu porque, quando minha irmã nasceu três anos antes, não permitiram que ninguém entrasse na sala de parto, quanto mais alguém segurando uma câmera. Estou familiarizada com essa imagem minha vida inteira, mas a emoção que sinto ao vê-la de novo me surpreende.

A imagem em si está desbotada num canto, em parte porque era filme colorido no fim dos anos 1970, mas também, possivelmente, por causa de vazamentos em um dos porões onde ela deve ter passado a maior parte dos últimos quarenta anos. Dá para ver a luz de uma manhã de sexta-feira entrando no quarto do hospital, um médico sem rosto com luvas verdes de látex segurando meu corpinho vermelho para a câmera.

Foi o primeiro cômodo em que entrei, aquele em que começou minha vida na Terra, onde a luz entrava pela janela, onde as mãos enluvadas desconhecidas seguraram meu corpo pela primeira vez. Só eu, minha mãe, o médico sem rosto e meu pai atrás da câmera. Não tenho palavras para descrever como é ver aquela foto de novo mais velha, mas ela suscita algo primitivo em mim: "Aí está. Evidência de minha chegada". Mas saber que nasci num cômodo com janela parece um presente que eu não sabia que devia pedir.

Não tive mais controle sobre minha chegada do que você no seu próprio nascimento. Talvez você tenha nascido em uma banheira de uma parteira ou no banco traseiro de um carro em alta velocidade ou num quarto de hospital comum, com paredes de concreto azul-claro. Pode ser que tenha chegado numa mesa estéril sob luzes cirúrgicas ou quem sabe seu primeiro cômodo não fosse de fato um cômodo, mas um quintal ao ar livre ou uma estação de metrô. Talvez tenham escrito ou noticiado a história de seu nascimento, de tão extraordinária que foi.

Eu me considero sortuda só de ter uma foto para analisar. Você talvez não saiba muito sobre o dia do seu nascimento. De repente, pode ser algo sobre o qual você se perguntou ou que desejou conhecer. Se você nasceu numa época em que câmeras (ou parceiros, aliás) não eram permitidas na sala de parto, isso não lhe estaria disponível. Se chegou ao mundo numa família que não tirava fotos, não tinha dinheiro para uma câmera ou não pensava em documentar esse tipo de coisa; se é filho adotivo; se seu nascimento foi traumático ou cheio de complicações, ou coberto de mistério e segredos, pode ser que você tenha desistido de encontrar evidências fotográficas do dia em que nasceu. Talvez nem tenha certeza do dia verdadeiro de seu aniversário.

Mas o fato é que houve um dia real em que você nasceu, ainda que conhecido apenas por Deus. Ainda que não haja foto para mostrar, um cômodo para analisar, um lugar com o qual aprender ou uma voz para testemunhar. Houve um momento na história em que você começou sua transformação, e houve um espaço em que você entrou pela primeiríssima vez. Quando isso aconteceu, você chegou com uma primeira respiração profunda e cheia de vida, absorvendo todo o ar que o espaço tinha para oferecer. Seu choro naquele dia não foi um alarme; foi uma celebração. "Oi, pequeno você. O mundo é diferente agora que você chegou." O dia em que você nasceu, o lugar em que isso se deu e as pessoas presentes lá estavam fora de seu controle. Foi seu primeiro espaço.

Depois desse primeiro cômodo, nossa vida consiste numa dança animada de entrar e sair de espaços, às vezes com alegria — uma cerimônia para entrar no jardim da infância, o fim de uma temporada esportiva, a formatura no ensino médio e, mais tarde, eventos como casamentos, nascimentos e aposentadorias. Os confetes caem, a música toca e temos sentimentos mistos de orgulho ou de seguir em frente com confiança, mesclados com um tipo de tristeza afetuosa por nosso tempo naquele espaço ter chegado ao fim. Reunimos nossas recordações, guardamos bem lá no fundo e seguimos para outros cômodos conforme planejado.

Outras vezes, saímos de espaços em meio à turbulência, ao sofrimento e à solidão, desejando que não fosse assim, mas sabendo que é hora. Às vezes, só o fato de expor e falar a verdade faz com que sejamos expulsos de um cômodo que ocupamos a vida toda, sem direito a perguntas. E ficamos ali no corredor sem ter para onde ir, de mãos vazias, coração partido e com acusações pairando no ar. Esses corredores limiares talvez sejam os mais complicados de abordar: não espaços que não são cômodos de fato, sem começos ou fins claros (vamos passar mais tempo falando desses corredores na Parte 2).

Quando as coisas terminam, nossa primeira suposição pode ser que algo deu errado. Mas e se, enfim, algo tiver dado magnificamente certo? Talvez o binarismo certo/errado já não seja útil. Talvez o cômodo fosse azul e agora precisemos de verde. E passamos bastante tempo precisando do azul — ele nos alimentou e cuidou de nós; azul era um conforto e uma alegria, um lugar suave para descansar e seguro para sermos nós mesmos. Mas, agora, o azul parece frio, está nos deixando enjoados, e ansiamos por uma cor diferente ou até por cor nenhuma. Podemos não saber o motivo; pode não haver uma razão discernível; pode ser que nunca saibamos. Às vezes, não há história. Às vezes, há só nossa vida, seguindo sem explicação nem compreensão, tarefas cotidianas misturadas com grandes decisões, marcos definidos após o fato.

Há inúmeros cômodos que habitamos e inúmeras razões para considerarmos sair deles. Talvez você esteja pensando em fisicamente sair de sua casa atual para ficar mais perto da família, aceitar um novo emprego ou acomodar um novo membro da família. Talvez precise se mudar por causa de um casamento, segundo casamento, divórcio, aposentadoria ou morte de alguém que ama. Talvez esteja saindo de um emprego para ficar em casa cuidando de filhos ou pais, porque está mudando sua vocação, está seguindo um cônjuge, precisa ganhar mais, está começando um negócio, foi demitido, despedido, mandado embora ou simplesmente porque mudou de ideia. Talvez esteja de luto por uma perda que não escolheu, a perda de um amor ou uma amizade por morte, política, religião, problemas de comunicação, ou só esteja começando uma nova temporada da vida.

Este é um livro sobre esses cômodos e corredores, um livro para nomear e descobrir o que acontece neles, como discernir quando é hora de ir e quando é bom ficar. Afinal, sabemos que alguns cômodos são para nós e outros não. Mesmo assim, é complicado quando um cômodo ao qual antes pertencíamos não é mais para nós.

Desde nosso primeiro cômodo, nos movemos segundo o ritmo saudável e humano de sair de alguns e encontrar outros novos. É assim que sempre foi e que deve ser. Então, por que temos tantas perguntas? Por que é tão difícil aceitar a mudança ou ser a pessoa que sai primeiro de um lugar? Como podemos saber quando é hora de ficar ou partir? Quem vai nos ensinar a sair bem e a dizer adeus? Ficar e sair é o que deve ser. Você não é a exceção. Não tem nada de errado quando você sente que já não se encaixa. Mas essa sensação talvez não conte a história toda por si só. Pode significar que é hora de olhar sob a superfície do cômodo em que você está e o script que ele carrega.

Durante uma semana, duas vezes ao ano, vou de minha casa no norte da Califórnia até Wichita, Kansas, para atuar como palestrante residente numa pequena universidade interdisciplinar. Quase neguei esse trabalho por não conseguir imaginar um mundo em que eu era qualificada para atuar numa sala ao lado de homens que se formaram em Yale e Princeton. Embora ninguém estivesse me pedindo para ser uma Teóloga Muito Inteligente, eu ainda me senti intimidada e quase me convenci a não aceitar. Mas aceitei, sim, porque tem uma forma de conhecimento que não se aprende só na escola, e parecia que eles queriam o que viam de Deus revelado por meio de minha personalidade singular.

Como diretora espiritual e copalestrante, tenho o dever e a honra de abrir espaço para estudantes que fazem mestrado em formação e liderança espiritual. Isso não está explícito em nenhum contrato, mas um de meus trabalhos autodesignados durante essas residências de uma semana é *fazê-los entrar na sala*. Pode parecer pouco, especialmente no mundo acadêmico, cheio de palestras de teologia e conversas dinâmicas em grupo. Mas vale explorar a forma como entramos num lugar, já que isso afeta tudo o que acontece ali. E também há inúmeras maneiras de sair.

No que diz respeito aos cômodos em que entramos na vida, parece que estamos todos fazendo a mesma coisa. Em geral há uma entrada, às vezes múltiplas portas em um corredor, um jardim frontal, um estacionamento ou um cômodo anexo. Talvez haja um horário marcado para todos chegarem em casa, no local de culto, no escritório, no auditório, no teatro, na sala de aula, no tribunal ou na academia. É verdade que talvez cheguemos no mesmo horário do dia, no mesmo dia do ano, no mesmo espaço, no mesmo CEP, nos reunindo sob o mesmo teto. Mas o erro que cometemos é supor que estamos todos no mesmo lugar. Fisicamente, pode ser verdade. Mas há histórias e vidas inteiras vividas até esse momento. Há narrativas em jogo e desafios relacionais acontecendo e sucessivas memórias correndo soltas logo abaixo da superfície. Em geral, não estamos conscientes disso. Mas é uma realidade que nos faria bem ter em mente, porque essa realidade vai se desenrolar de uma forma ou de outra. Quando isso acontecer, ficaremos profundamente confusos se tivermos começado acreditando que estávamos no mesmo cômodo que todos os outros quando, na verdade, não estávamos. O modo como nos formamos comunica o modo como entramos nesses lugares.

Durante a semana toda dessas residências de pós-graduação, os grupos se encontram num centro de retiro católico (apesar de não sermos um grupo católico), em um cômodo grande e sem janelas. Passei muitas horas nesse cômodo, tanto como aluna quanto como palestrante-facilitadora. No primeiro dia da residência com um novo grupo de trinta estudantes, sempre presto atenção em *como* eles entram. Sei que, no fim daquela semana, alguns terão se sentado na mesma cadeira todo dia, chegando cedo para deixar um caderno ou casaco guardando o lugar. Sei que outros precisarão ficar de pé no fundo pouco antes do almoço, porque permanecer sentados por uma manhã inteira ouvindo uma aula, independentemente de quão fascinante seja o assunto, é demais para o corpo deles, por causa de um determinado tipo de personalidade, de uma lesão, de dor crônica ou de simples desconforto. Sei que pelo menos uma noite durante a semana, esse cômodo se tornará um salão de jogos improvisado, onde vamos nos reunir de moletom e compartilhar petiscos, gritar e competir em charadas ou adivinhações. Mas, na manhã seguinte, voltaremos ao silêncio reverente, transformados de novo em estudantes e contempladores.

Sei que os alunos sairão desse cômodo no fim da semana com uma experiência compartilhada, mas não a *mesma* experiência. Terão algumas memórias comuns, além de cadernos ou laptops cheios de anotações, citações e referências para os artigos que terão de escrever. Quando saem, a experiência que levam consigo depende daquela que trouxeram, incluindo suas impressões (positivas, negativas ou neutras) de centros de retiro, catolicismo, ícones, Kansas, salas sem janela, cheiro de café, as expectativas do que deve ser uma pós-graduação. Sua experiência da semana será influenciada por sua infância, seu gênero, sua tradição de fé particular, o quanto se sentem confortáveis de discutir com quem talvez não concorde com eles, sua vivência em grupos pequenos ou se eu ou qualquer um dos outros professores lhes recorda ou não de alguém que conhecem do passado. A forma como entram no lugar é comunicada pelo que estava acontecendo no último lugar de onde saíram — se eles têm um filho doente em casa, um prazo importante se aproximando no trabalho, uma briga com um amigo esperando para ser resolvida quando voltarem. Nossa formação comunica o modo como entramos nos lugares. E isso impacta o que acontece quando estamos lá dentro.

No livro *A arte dos encontros*, a autora e facilitadora Priya Parker escreve que todos os cômodos vêm com scripts. Cada um tem uma história, mas a história é diferente dependendo de quem você é e do cômodo em que está. É por isso que podemos estar todos no mesmo local, mas não ter a mesma experiência dele.

Antes de conseguirmos discernir que é hora de sair de um cômodo, é importante nomear os scripts que vêm com aqueles cômodos em que estamos atualmente. Esses scripts têm peso, já que delineiam para nós padrões aceitáveis de comportamento nos cômodos, formas esperadas de existir dentro de suas paredes, bem como a nuance de nossas próprias experiências nos lugares.

Imagine por um momento todos os vários cômodos com que podemos estar familiarizados: cômodos de religião, política, educação, esportes, cuidados de saúde, negócios, família. E aí imagine todos os vários scripts ou comportamentos esperados e aceitos que podem acompanhar esses cômodos. Partes dos scripts serão iguais para todos nós. Na sala de aula universitária, o script pode incluir respeitar o diálogo, debate, razão, ordem, palestra e aprendizado (mas não está limitado a isso). A sala de aula do jardim de infância tem um script mais divertido, com espaço para brincadeira, criatividade e sonecas.

O cômodo dos esportes dá muito valor ao esforço, à forma física, ao trabalho em equipe, ao condicionamento, ao treino e à vitória. A política tem seu próprio conjunto de regras, lealdades e expectativas, parecido com o cômodo do empreendedorismo, com seus scripts de trabalho duro e estratégia. Alguns cômodos de fé valorizam demais o silêncio e a contemplação, e esse é o script que se espera que você siga, enquanto outros abraçam danças de celebração e gritos nos corredores. Dois cômodos de fé, dois scripts diametralmente opostos.

Cômodos podem carregar scripts diferentes para cada um de nós, a depender de nossa família de origem e experiência de vida particular. Esses cômodos são únicos, informados por nossa localização social, identidade racial, afiliação religiosa e histórico educacional. Temos scripts que memorizamos de nossa juventude, talvez até coisas que ninguém nunca disse, mas simplesmente sabemos porque estão embutidos em nosso sistema familiar. Seu script familiar consiste em frases batidas particulares, do tipo "Não perguntamos para o vovô sobre a época dele na guerra" ou "Quando repetirem aquela história pela milésima vez, seu papel é dar risada". Seu grupo de pessoas pode ser as que contam calorias, as que têm pavio curto, as que guardam segredos, as que se apegam a rancores. Talvez sejam as legais, as quietinhas, as religiosas, as divertidas, as confiáveis ou as disfuncionais. Talvez os scripts que você tenha recebido nos lugares em que cresceu sejam os que se encaixam muito bem em sua personalidade. Ou talvez você tenha saído do script a vida toda.

Se a vida fosse uma casa, cada cômodo guardaria uma história. Pense naqueles em que se sentiu mais completa, livre e fantasticamente você mesmo. Os mais sortudos de nós conseguem apontar para um cômodo no início da vida. Para mim, é a luz matinal de verão banhando os pisos de madeira alaranjados de meu quarto de infância, minha irmã por perto, Ivy, a gata, dormindo na cama. Fazíamos casas improvisadas para Barbies com uma mistura de mobílias de boneca compradas em lojas de brinquedo e itens domésticos: uma toalhinha floral fina como tapete, uma planta artificial minúscula como uma figueira de Barbie, um conjunto de sofá e poltrona cor-de-rosa de plástico que ganhamos de Natal. Naquele quarto de Columbus, Indiana, que eu compartilhava com minha irmã — que não tinha nenhum tipo de porta, nem no armário —, dividíamos uma cama, e eu dormia encostada na parede para não cair no meio da noite. Era um quarto em que eu me sentia completamente eu mesma.

Desde então, houve outros cômodos em que tive essa sensação de completude e paz. Qualquer cômodo em que eu possa ensinar ou me reunir com um pequeno grupo por um longo período para me relacionar e aprender com essas pessoas, é um cômodo no qual sinto pertencer. Num cômodo cheio de escritores e criadores, pessoas que veem os fios sob o óbvio, que conectam os pontos que outros nem sempre veem, são testemunhas da vida interior do outro, abrindo espaço para ele enquanto nomeiam as coisas visíveis e invisíveis, procurando sinais de Deus: é aí que me sinto mais completamente eu mesma. Um dia particularmente comum me vem à mente: quando meu marido, John, e nossos três filhos, todos, na época, no ensino fundamental, vimos a neve cair na frente de nossa janela da sala de estar, as crianças exaustas de tanto brincar lá fora, segurando canecas de chocolate quente, com um desenho animado passando na TV ao fundo. Nisso, reconheço outro cômodo ao qual sempre pertenci e em que ajudei a criar pertencimento para quem amo.

Ao analisar sua vida, você poderá apontar alguns cômodos (ou pelo menos cantos de cômodos) onde se sentiu mais completamente você mesmo, onde sua mente, seu coração e seu corpo pareceram integrados e alinhados. Onde você pode se sentar — não só do lado de fora, mas também do lado de dentro — e saber que tem um lugar na mesa.

Claro que nem todos os cômodos são assim. Já encontrei alguns em que só precisei pôr um pé para perceber rapidamente que não eram para mim. Uma vez, fiz parte de um comitê que achei que combinaria comigo. Eu amava o que eles defendiam e quem apoiavam. Mas, assim que comecei a compartilhar minhas ideias e perspectivas, soube de imediato que minhas palavras não eram bem-vindas ali. Felizmente, tive a sabedoria de agradecer, me despedir e sair de vez daquele lugar. Não era um lugar ruim, mas não era para mim.

Se com frequência você é minoria num lugar, pode estar mais acostumado que a maioria a interpretar os espaços em que está para determinar se sua voz e presença são bem-vindas ali, por exemplo, se você for a única pessoa negra ou indígena em seu trabalho ou a única mulher numa sala repleta de homens. Se for um estagiário num conselho de profissionais, uma pessoa solteira num grupo de casais ou um estudante surdo numa classe de ouvintes, provavelmente desenvolveu habilidades aguçadas de observação e discernimento. Se você consistentemente é "o único" num espaço, ninguém precisa o ensinar a interpretar os lugares em que está, já que você passou a vida toda fazendo isso.

Talvez as decisões mais difíceis que tomamos sobre os vários cômodos de nossa vida sejam aquelas relativas aos cômodos que amamos e que nos amaram. São espaços que memorizamos e em que poderíamos transitar no escuro sem dar uma única topada no dedão. Conhecemos as pessoas; elas nos conhecem. Conhecemos os processos e as regras, tanto explícitas quanto implícitas. São cômodos em que nos sentamos com os pés calçados com meias e as pernas cruzadas no sofá, ficamos acordados até bem tarde, nos relacionando, rindo e ouvindo com compaixão.

Mas, aí, algo acontece: uma briga, uma descoberta, uma mudança, uma virada. Talvez a mudança seja externa, uma decisão de outra pessoa que nos afeta, ou talvez seja interna. E começamos a nos sentir menos em casa naquele cômodo, a ver coisas que não vimos antes: um rasgo no papel de parede, uma perna de mesa quebrada. Amamos esse cômodo, e nosso instinto é pôr a mão na massa, consertar o que precisa de conserto, deixar tudo brilhando de novo. Pode ser um movimento bom e lindo. Mas temos certeza de que é o certo para nós? E como dá para saber?

Este é o lugar em que agora nos encontramos nestas páginas, o lugar de nos perguntar se é hora de arregaçar as mangas e ficar nesse cômodo, restaurando-o com amor, consertando o que deu errado. Ou será que chegou a hora de dizer adeus e sair, agradecer ao espaço e seus habitantes pelos presentes que trouxeram, deixar para trás o que é necessário, carregar o que conseguimos e sair porta afora?

2. Apontar e falar

*Poucas coisas podem trazer mudanças
mais eficientemente do que a pergunta certa.*
J. R. Briggs e Michael E. Smith, *Why Ask Questions?*

O sistema ferroviário do Japão é um dos melhores do mundo, graças, em parte, ao sistema de segurança de apontar e falar. Os operadores de trem têm um ritual de apontar para diferentes objetos e falar comandos simples e óbvios, algo bem parecido com o que fazem os bebês. Mas, em vez da brincadeira curiosa de uma criança, esses funcionários estão fazendo tarefas profissionais importantes, apesar de, à primeira vista, às vezes não parecer.

Eles usam todos os sentidos ao apontar o sinal, afirmando em voz alta: "O sinal está verde". Quando o trem para na estação, o operador aponta o velocímetro e anuncia a velocidade. Na hora da partida, ele aponta o relógio e anuncia o horário. Outros membros da equipe fazem tarefas similares na plataforma.

Cada detalhe da operação do trem é identificado, apontado e nomeado em voz alta usando vários sentidos humanos. O propósito é minimizar erros, e funciona: reduz erros no local de trabalho em até 85%.

Conhecido em japonês como *shisa kanko*, apontar e falar funciona segundo o princípio de associar as tarefas com movimentos físicos e vocalizações para prevenir erros "elevando os níveis de consciência dos trabalhadores", segundo o Instituto Nacional de Segurança e Saúde Ocupacional do Japão. Em vez de confiar apenas nos olhos ou no hábito de um funcionário, cada passo em determinada tarefa é reforçado física e audivelmente para garantir que seja ao mesmo tempo completo e preciso.[1]

Em seu livro *Hábitos atômicos: um método fácil e comprovado de criar bons hábitos e se livrar dos maus*, James Clear usa esse conceito de apontar e falar como a origem de sua Avaliação de Hábitos, dizendo: "O processo de mudança de comportamento sempre começa com a consciência".[2] Assim como podemos aprender com a prática de apontar e falar para ajudar a moldar nosso comportamento, também podemos usá-la como prática fundamental para nossa vida interior, para ajudar a informar nossas decisões.

Numa plataforma de trem em certo verão em Londres, eu teria me beneficiado da maior consciência de apontar e falar. Eu estava indo a Camden Town para fazer compras com minhas gêmeas de quinze anos na época. Mais cedo, quando John estava conosco, era fácil um de nós abrir caminho pelas ruas lotadas enquanto o outro caminhava atrás. Mas, naquela tarde, quando ele e nosso filho foram para um lado e eu e as gêmeas, para o outro, precisei tomar uma decisão sozinha. Eu caminharia à frente e abriria caminho, confiando que elas viessem logo atrás?

Ou caminharia atrás delas e anunciaria as instruções conforme andávamos, permitindo que ficassem em minha linha de visão? Enquanto descíamos a escada para o metrô, passou em minha mente a imagem delas entrando no vagão sem mim, as portas se fechando entre nós, o trem acelerando nos trilhos, levando-as para longe. Então, quando chegamos na plataforma, minha maior prioridade era evitar que elas entrassem sem querer sozinhas no trem. Entrei primeiro, com segurança, confiando que elas viriam logo atrás. Mas o que não levei em consideração foi o quanto nossos colegas viajantes, os locais, seriam ágeis e sagazes, decididos a não perder o trem para chegar no trabalho, no brunch ou em casa. Eles empurraram e se enfiaram atrás de mim, e quando me voltei para ver as gêmeas, as portas já estavam se fechando entre nós, deixando-as do lado de fora. Num borrão de atividade em câmara lenta, mais viajantes apressados tentaram abrir caminho e entrar. Sentindo a obstrução, as portas se abriram por tempo suficiente para as gêmeas correrem atrás de mim, de olhos arregalados e sem fôlego.

Com as portas apitando e meu braço de mãe latejando por tentar puxá-las para dentro, a coisa toda pareceu desleixada e perigosa. Meu coração só foi desacelerar quando descemos do trem em segurança e estávamos na superfície, na Camden High Street, paradas lado a lado, pedindo um *gelato*. Talvez pudéssemos ter evitado esses poucos segundos assustadores se tivéssemos ao nosso lado naquela tarde um funcionário do metrô apontando e falando cada passo, até mesmo os mais óbvios.

Em um ponto anterior da minha vida, vi minha mãe usar essa prática simples e redundante de apontar e falar toda vez que saíamos de casa. Ela checava o fogão, olhava todas as maçanetas e falava em voz alta: "Desligado, desligado, desligado, desligado". Fazia o mesmo com o ferro de passar e a cafeteira.

PARE! 37

Acho que chegava a tirá-los da tomada, e aí repetia: "Desligado, desligado". Com certeza eu revirava os olhos, mas, de repente, me dei conta de que ela tinha razão. Quando nossos filhos eram pequenos e queríamos uma forma simples de nos conectarmos diariamente, eu e meu marido nos sentávamos no topo da escada e compartilhávamos a parte favorita de nosso dia. Isso também era uma forma de apontar e falar, de dizer em voz alta o que havia acontecido naquele dia e qual havia sido nossa parte favorita de um modo que até a pessoa mais nova da família era capaz de entender.

Existe uma prática espiritual chamada Exame Diário, que também é uma forma de apontar e falar. A espiritualidade inaciana a define como uma técnica de reflexão devota sobre os acontecimentos do dia para detectar a presença de Deus e discernir a direção Dele para nós. É uma prática de oração antiga ensinada na igreja que pode nos ajudar a ver onde Deus está trabalhando em nossa vida todo dia.

Tudo isso são formas de apontar e falar, um movimento que coloca nossa consciência em destaque. Pegam algo em geral subconsciente e tornam consciente.

Entrar em cômodos (ou decidir sair deles) pode ser muito parecido com embarcar em trens: frenético, disruptivo, cheio de pânico. Antes de conseguirmos discernir para onde estamos indo, é bom nomear onde estamos, cada parte óbvia. No capítulo anterior, começamos esse trabalho de nomear nossos cômodos e os scripts que vêm com eles. Uma falta de clareza sobre onde estamos no tempo e no espaço e a ausência de uma avaliação sincera do que está acontecendo agora podem piorar a frustração e a confusão quanto a saber se é melhor ficar ou se é hora de seguir em frente. Às vezes, nossas emoções trabalham para chamar a nossa atenção, apontando o que está acontecendo sob a superfície.

Uma sensação de temor crescente, uma frustração que queima lentamente, um pavio curto, um encontro choroso — tudo isso pode ser prova de que é preciso uma mudança. Mas, até que nos conscientizemos, podemos não saber que mudança é essa. Podemos fazer uma mudança desnecessária cedo demais, para evitar o desconforto, ou ficar no mesmo lugar bem além do tempo.

Da mesma maneira que os funcionários do trem usam a prática simples de apontar e falar para manter a consciência de seus arredores e manter as pessoas fisicamente seguras, podemos apontar e falar nos limites de nossa vida para nos mantermos profundamente centrados em momentos de mudança em potencial. Não quer dizer que tenhamos que entender o porquê por trás de todas as nossas perguntas e hesitações. Mas quer dizer, sim, que talvez precisemos finalmente apontar algumas coisas óbvias que sempre soubemos que estavam lá ou falar em voz alta sobre as coisas mais escondidas que queríamos que não estivessem. Antes de tomarmos nossa decisão de ficar ou partir com base num script que deu errado ou numa expectativa frustrada, é bom praticar o apontar e falar. É hora de sair do cômodo? Ou é hora de mudar o script?

Se eu tivesse uma fórmula para decidir com certeza se é ou não hora de sair de um lugar, garanto que daria a você (e também seria bilionária). O que tenho, porém, são alguns ritmos, movimentos e práticas para acompanhá-lo à medida que você define seu caminho. Ao longo de nosso tempo juntos, vou compartilhar esses quatro movimentos simples na forma de uma sigla que incorpora a postura com que eu abordo o discernimento: ALMA. Esses movimentos podem ser praticados individualmente ou em conjunto.

● *Apontar e falar* — Explorar os cômodos primários de sua vida (a seguir).

◄ *Lembrar seu caminho* — Olhar para trás antes de seguir em frente (ver Capítulo 4).

○ *Manifestar a presença* — Praticar quatro tipos simples de oração para direcionamento (ver Capítulo 6).

➤ *Aceitar a direção das setas* — Estabelecer ritmos e rituais para términos e começos (ver também Capítulo 6).

Vamos lidar com os últimos três movimentos de ALMA em capítulos posteriores, como dito, mas, por enquanto, aqui você vai começar sua própria prática de apontar e falar. Vamos voltar a essa prática ao longo do percurso, então não precisa ter pressa. Anteriormente, você tirou um tempo para começar a identificar os cômodos de sua vida, e vamos continuar isso agora, como num tour por uma casa. Pode ser útil escrever suas respostas enquanto você se faz as próximas três perguntas preliminares.

Quais são os cômodos primários de minha vida no momento? Lembre-se, um "cômodo" pode ser um lugar físico, como um santuário, uma sala de aula, um local de trabalho ou uma casa. Também pode ser um cômodo metafórico, que inclui mas não se limita a compromissos, comunidades de fé, relacionamentos, vocação, uma cidade em particular, um campo de estudo ou hobbies que você pratica. Também pode incluir sistemas maiores ou mentalidades, como o cômodo de um ramo de fé em particular, um partido político, um grupo ou um clube.

Qual é minha experiência geral nesses cômodos? Quais cômodos mais o atraem hoje em dia? Onde você se sente mais você mesmo? Quais são os cômodos mais novos ou menos familiares? Quais são os mais antigos, em que você consegue navegar de olhos fechados?

Depois de fazer uma avaliação geral dos cômodos de sua vida, agora nos voltaremos àquele(s) onde você nota uma dificuldade, uma hesitação, um desconforto ou uma dúvida.

Existe um cômodo em que estou considerando fazer uma mudança, mas não tenho certeza de qual? É aqui que vamos passar o resto de nosso tempo juntos.

Agora que você tem um cômodo particular em mente para começar, considere as perguntas adicionais os primeiros passos no processo de discernimento. Vamos nos referir a elas como as Dez Perguntas, fundamentais para agora e para depois. Suas respostas a elas podem vir rapidamente. Ou você pode não ter uma resposta de imediato. Tudo bem. Não precisa mostrar suas respostas a ninguém, nem as entregar. Mas, se está questionando um espaço, é vital começar este processo com o máximo de sinceridade que conseguir no momento, para poder tomar uma decisão alinhada com o que de fato é verdade agora, não o que você deseja que seja verdade ou o que era verdade no passado.

As Dez Perguntas

1. Eu escolhi esse cômodo ou ele me escolheu?
Não há resposta certa ou errada, e podem ser as duas coisas. De todo modo, qual foi a circunstância dessa escolha? O que mudou desde que você chegou aqui e o que ficou igual? Se você escolheu

esse cômodo, escolheria de novo? O que precisaria ser verdade para você responder sim ou não a essa primeira pergunta?

2. *Quais são os cantos, seções, pessoas ou partes desse cômodo que estou evitando?*
Em outras palavras, está hesitando acender a luz? Você se vê dando desculpas, fazendo concessões, ou defendendo certos aspectos do cômodo? Com que frequência? Em relação a quê?

3. *O que é bom e belo nesse cômodo?*
Mesmo os cômodos que questionamos podem ter partes que amamos. É por isso que continuamos ali e por isso que a decisão não é fácil. O que está dando certo aqui? O que você ama? Do que sentiria saudade? Quais são os benefícios do lugar?

4. *Onde estão os sinais de alerta?*
Anos atrás, minha amiga Holly Good me disse: "Alertas vermelhos minúsculos raramente encolhem; eles só crescem".[3] Se você tiver a sensação de que tem algo errado, é provável que tenha razão. Mas nem toda hesitação, medo, preocupação ou inquietação é um sinal vermelho, apesar de às vezes não sabermos de início.

Vamos especificar as dúvidas que você tem sobre esse cômodo. O que não está funcionando aqui? É possível sair correndo cedo demais de um lugar ou ficar por tempo excessivo só porque identificamos errado a cor de um sinal. É uma prática de apontar e falar, o que significa que você está notando, mas não diagnosticando. Para mim, é útil supor, de início, que todo sinal é amarelo. É um alerta que o convida a desacelerar. O trabalho, portanto, é discernir se um sinal amarelo está levando a um vermelho ou só é algo em que prestar atenção e considerar de onde está vindo.

Às vezes, vai ficar claro desde o início. Outras vezes, você precisará de ajuda no processo. Quando sentir hesitação, aponte e chame de amarelo por enquanto. Onde estão os sinais amarelos piscando nesse cômodo?

5. *Está faltando alguém ou algo nesse cômodo? Se sim, quem ou o quê?* Alguns cômodos são exclusivos por natureza: o Congresso é um cômodo para deputados eleitos; uma universidade só para mulheres não aceita estudantes homens; um almoço beneficiente pode ter como convidados só doadores. Considerando o contexto e o propósito de um cômodo em particular, há alguém (ou um grupo de pessoas) que o tornaria melhor, mais rico em informações, mais belo? A exclusão é intencional ou não? Quem costumava estar nele, mas já foi embora? Quem está entrando? Quem o deixa confortável ou desconfortável? Isso pode ser mais relevante num cômodo que consista num grupo de pessoas, como um programa, local de trabalho, escola, igreja ou comitê. Mas, mesmo no cômodo de um relacionamento entre duas pessoas, considere se há pessoas que ficaram fora da sua vida como resultado dele. Quem são? Que tipo de impacto essa ausência tem na sua vida?

6. *Quem tem o poder nesse cômodo?*
Pessoas e sistemas podem usar mal seu poder ou abusar dele. Mas poder não é só uma palavra ruim. Todos temos graus variados de poder e todos temos a responsabilidade de usá-lo de formas que elevem, encorajem, protejam e defendam o bem. Quem tem o poder nesse cômodo e em que grau está usando esse poder? É você ou outra pessoa? O que ela está disposta a fazer para mantê-lo? Como reage quando o poder é ameaçado? As coisas que não estão funcionando são coisas que você tem habilidade, recursos, paciência, convicção e/ou vocação para mudar? Ou pelo menos

PARE! 43

tentar? Ou as coisas que não estão funcionando estão fora de sua esfera de influência? Tudo bem se sua resposta for: "Ainda não sei".

7. Quem ou o que será afetado por minha decisão?

Sem uma prática de apontar e falar, podemos pressupor que nossa decisão afetará todo mundo ou ninguém, quando, na realidade, provavelmente é algum meio-termo. É bom ser o mais específico que conseguir. Quem se beneficia de sua presença aqui e quem, se é que há alguém, vai se beneficiar se você sair? Quem está sofrendo com sua presença aqui e quem, se é que há alguém, vai sofrer quando você sair? Se for você quem detém o poder, como sua ausência vai afetar o cômodo, as pessoas nele e a história que ele está contando?

8. Até onde consigo ser eu mesmo neste cômodo?

Você precisa se modificar a tal ponto que nem se reconhece para habitar esse cômodo? Se as pessoas que mais o conhecem e amam aparecessem nesse espaço, quais perguntas teriam para você? Veriam uma versão de você que reconhecem? Você constantemente tem que censurar, corrigir ou abafar seus pensamentos, ideias ou opiniões?

9. Se Deus estiver nesse cômodo, qual é a ação do Divino?

Isso pode exigir algum discernimento imaginativo. Mas, se Deus estivesse visivelmente, fisicamente nesse cômodo, o que estaria fazendo? Falando? Não falando? Qual seria a expressão no rosto de Deus? Que postura Deus tem aqui? O que existe no silêncio sagrado?

10. Quero ficar nesse cômodo?

Se a resposta for sim, é uma boa informação para ter por enquanto, tendo em mente que é só uma dentre dez perguntas. Se a resposta for não, você *quer* querer ficar? O que você desejaria querer?

Se você se vir respondendo muito "não sei" ou "ainda não tenho certeza", tenho boas notícias. Você está no lugar certo e este é o livro certo para você. Se passar por essas perguntas e as respostas vierem rápido, você talvez esteja mais avançado do que acha em seu processo de discernimento. O restante deste livro ajudará a esclarecer suas respostas.

Lembre-se, apontar e falar — respondendo às Dez Perguntas — é só um dos quatro movimentos primários. Por exemplo, suas respostas à pergunta oito podem revelar que você não consegue ser cem por cento você mesmo num cômodo, que com frequência se censura e se corrige para ficar ali. Às vezes, ficamos em espaços e seguimos scripts e formalidades desconfortáveis porque temos uma visão maior em mente, e essa visão só pode se realizar se estivermos presentes. Então, essas respostas, apesar de informativas, não são exaustivas. Estamos apontando e falando; estamos indo devagar.

Note que nenhuma dessas perguntas tem "por quê", e é intencional. "Por quê" é uma pergunta ao mesmo tempo avassaladora e decepcionante, pois saber por que nem sempre (às vezes nunca) nos ajuda a saber o que fazer em seguida.

Se você vem de um contexto de fé, pode esperar uma pergunta do tipo "O que Deus acha?" ou "O que Deus quer que eu faça?". Embora sejam perguntas profundamente importantes de se fazer, acredito que sejam difíceis de responder em um único movimento. Se fossem perguntas para as quais você tivesse respostas imediatas, aposto que não estaria lendo este livro (e eu não o estaria escrevendo). Em vez disso, apontar e falar usando as Dez Perguntas pode ser uma forma de reunir pistas e informações, para começar a prestar atenção no movimento de Deus dentro e em torno de você, como revelado por seus pensamentos, seu corpo, seu coração, seus amigos e familiares, suas orações, seus textos sagrados e sua intuição. Comunhão com Deus e direcionamento Dele raramente é um evento único. Nem sempre perguntamos e recebemos resposta. Perguntamos e aí ouvimos, vivemos, amamos, nos movemos, dormimos, sentimos, comemos, caminhamos, trabalhamos, nos divertimos e prestamos atenção. As Dez Perguntas nos ajudam a prestar atenção com intenção.

Então, como sair de um cômodo que você ainda ama?

Como ir embora de um lugar ao qual você já pertenceu?

Como saber se você tem a influência, a autoridade ou o vigor de ficar e mudar o script?

Como saber se é hora de admitir que esse script é forte demais, você está cansado demais ou seus limites não vão se esticar para incluir o que você supõe que seja necessário para uma mudança efetiva nesse cômodo?

Para começar, aponte o desejo e fale em voz alta. Pelo menos comece por aí. Nomeie o que é verdade, segundo você o entende.

Aponte o cômodo e fale o que vê.

Aponte a porta e fale do medo de passar por ela.

Aponte o chão e fale do medo de ficar no mesmo lugar.

Aponte as janelas e fale da luz, ou da falta dela, ou dos cantos sombreados.

Aponte os móveis e fale o que está desgastado, o que mudou e onde você se sente mais à vontade.

Aponte as pessoas e fale as mentiras e a honestidade. E os amores. E os desejos também.

Aponte a si mesmo e fale o que é mais verdadeiro hoje.

Enquanto pensa em suas respostas (ou não respostas) às Dez Perguntas, você vai querer algum direcionamento, para um lado ou para o outro. O que todos queremos é saber o que fazer em seguida. O restante deste livro servirá como uma seta para a próxima coisa certa, a partir de agora. Quando estiver refletindo se é hora de pausar, ficar ou se afastar, você precisa de um caminho, uma presença e uma prática. Mas, primeiro, precisa identificar o tipo de fim que está potencialmente enfrentando.

3. IDENTIFICAR O FIM

Tudo tem que chegar ao fim, em algum momento.
L. FRANK BAUM, A maravilhosa terra de Oz

TENHO UMA AMIGA QUE LÊ a última página de cada livro para garantir que a história acaba bem. Se não acabar, ela simplesmente não lê o livro. Depois de superar minha indignação com o que considerei o maior insulto que se poderia infligir a uma contadora de histórias (bem ao lado de ler spoilers na internet ou colocar uma playlist cuidadosamente montada no modo aleatório), fiz mais perguntas sobre essa prática. Com o tempo, descobri que ela também grava eventos esportivos importantes e só assiste se souber que o time dela venceu. Eu nunca tinha ouvido falar de alguém que orquestra a vida de forma a só assistir a um jogo vitorioso ou ler um final feliz. Cadê o mistério, a aventura, a alegria e a expectativa de não saber como algo termina?

No fim das contas, nem todo mundo gosta de um mistério e, em casos de trauma, negligência ou abandono, desfrutar de uma surpresa é um privilégio. Minha amiga que lê a última página de cada livro era criança nos anos 1980, como eu. Nós duas fomos criadas numa geração com Ronald Reagan presidente, admirávamos Mary Lou Retton e Michael Jackson, jogávamos Atari no porão, víamos grandes sucessos de bilheteria como *E.T.* ou *Clube dos Cinco*, além de sermos testemunhas extasiadas do início da MTV e VH1. A pergunta mais existencial e generalizada de nossa jovem mente era: "Quem atirou no J.R. em *Dallas*?". Mas houve grandes tragédias que marcaram nossa infância, como a explosão do ônibus espacial *Challenger*, em 1986, que matou todos a bordo, incluindo a professora Christa McAuliffe. Eu estava no segundo ano do ensino fundamental e não sabia de muitos detalhes da viagem. Mas todo mundo sabia de Christa McAuliffe, que se tornaria a primeira civil americana a ir ao espaço, e ela tinha mais ou menos a idade da minha mãe na época. Eu só fiquei sabendo da explosão horas depois de acontecer, quando minha irmã mais velha me contou enquanto caminhávamos do ponto de ônibus para casa naquela tarde. Eu me lembro vagamente de ver imagens no noticiário daquela noite e ficar chocada: uma bola de fogo, depois uma nuvem de fumaça grossa se abrindo em V contra um céu inacreditavelmente azul-escuro.

Naquela manhã, minha amiga que gosta de ler a última página de cada livro também estava no segundo ano, mas morava na Flórida. Sua turma fez uma excursão ao Kennedy Space Center, para ver a decolagem do *Challenger*. Todos estavam empolgadíssimos. Ela sentiu o frio recorde daquele fim de manhã em janeiro, respirou a fumaça que saiu do ônibus espacial, ouviu a contagem regressiva para a decolagem, assistiu o lançamento e, então, a explosão no céu, de início sem entender o motivo daquilo.

50   *Emily P. Freeman*

Hoje, adulta, como vejo sua preferência por ler a última página de um romance para saber como termina? Bom, faz muito mais sentido.

Que tipo de fim você está enfrentando? Essa também é uma prática de apontar e falar. É impossível falar sobre a possibilidade de sair de um cômodo sem falar de finais. Contadores de histórias e roteiristas sabem que, se você quiser um fim universalmente satisfatório, sua história precisa ter alguma versão de quatro elementos básicos: surpresa, suspense, transformação e resolução. O suspense atrai e intriga. A surpresa entretém e deleita. A transformação inspira e aviva. A resolução traz paz e fechamento. É o que procuramos sem saber que é exatamente isso o que tanto buscamos. Alguns finais são rotulados como terríveis e talvez não saibamos o motivo, mas pode ser que a história não tenha um desses elementos-chave.

Todos temos nossas narrativas sobre finais. Os términos, os abandonos, as comemorações, as aposentadorias, as realocações, as tragédias. Tudo isso, ao longo da nossa vida, moldou nossas opiniões, crenças e ideias sobre o que um fim significa, sobre nosso papel em decidir quando algo termina ou o quanto é apropriado ou inapropriado desistir, ir embora ou mudar de ideia.

No que diz respeito aos cômodos em que nos encontramos, há pelo menos três maneiras como em geral saímos: com um fim *antecipado*, um fim *forçado* ou um fim *escolhido*. Talvez nem sempre consigamos diferenciar com clareza esses tipos de adeus, já que eles podem se sobrepor. Mas, basicamente, são categorias amplas que vamos explorar.

A primeira, despedidas *antecipadas*, inclui aqueles fins em que você e todos ao redor concordam que chegou a hora de uma nova temporada. Esses fins envolvem situações como passar de ano ou se formar (o encerramento de um ciclo escolar ou a conclusão de um curso), aposentadoria (o fim de um tipo de vida profissional particular), uma mudança para outra cidade. Aceitamos que esses tipos de fins vêm e vão com as temporadas e fases da vida. Claro que ainda vamos ter emoções mistas, graus variados de felicidade e alegria, luto e mágoa, quando algo termina. Mas a dúvida sobre se é ou não a hora de ir não existe, simplesmente porque aceitamos, esperamos, marcamos e comemoramos esses tipos de saídas, concordando coletivamente que fazem parte da vida.

As questões que podemos carregar em relação a fins antecipados são diferentes das que carregamos quando somos, por exemplo, expulsos de um cômodo ou quando não previmos um fim. Quando o fim é esperado, sabemos que é hora de sair do lugar, e a maioria das pessoas na nossa vida, se não todas, concorda. Pode haver tristeza e luto, mas tendem a se mesclar com celebração ou nostalgia.

O que chamo de fim *forçado* é uma saída que você não queria e não podia planejar. Você foi demitido, dispensado antecipadamente ou votaram pela sua saída, foi largado por um parceiro ou parceira, abandonado por um pai, mãe ou cuidador, ou excluído de um grupo antes inclusivo. Ainda que a negligência ou o descuido não tenha sido intencional por parte da outra pessoa ou grupo, aí está você, esquecido num corredor que outro escolheu. E se você quisesse ficar no cômodo e sair não fosse escolha sua? Como você pode navegar por esse fim muito real que não tem nada parecido com um encerramento satisfatório?

A Parte 2 deste livro oferecerá uma estrutura para fazer as pazes com fins antecipados e forçados. Mas, por enquanto, vamos focar na terceira categoria: fins *escolhidos*.

A depender de sua localização cultural e social, você tem suas próprias narrativas sobre sair de um lugar. Se cresceu com narrativas fortes de "nunca desista", o conceito de escolher abrir mão, sair ou acabar algo pode parecer desconhecido ou até assustador. Talvez d-e-s-i-s-t-i-r fosse uma palavra proibida. "Nós honramos nossos compromissos." "Somos leais à nossa palavra." Escolher sair de um cômodo pode parecer uma traição, uma vergonha, uma opção que você não tem. Claro que há alguns compromissos que fazem parte da vida adulta: a responsabilidade de ser pai ou mãe, de ser cidadão, de ter um emprego, de honrar a dignidade de outros seres humanos.

Mas muitos dos padrões de ficar a qualquer custo que podemos nos exigir vêm de uma crença arraigada de que, se formos embora, desistirmos ou mudarmos de ideia, isso diz algo sobre nosso caráter. "Talvez signifique que sou instável ou irresponsável. Talvez seja um veredito não só sobre minhas ações, mas também sobre minha identidade: não apenas eu desisti; eu sou um desistente." Acrescente a essa narrativa os louvores e elogios que boa parte da sociedade dedica a quem continua a duras penas, persevera e segue no caminho. São os leais, os confiáveis, aqueles com quem podemos contar.

Depois da pandemia, algumas dessas narrativas começaram a mudar. Segundo a Bloomberg.com, mais de vinte e quatro milhões de pessoas pediram demissão entre abril e setembro nos Estados Unidos durante o que hoje é conhecido como a Grande Demissão de 2021.[1] Outras nações ricas, incluindo Alemanha, Japão e China, testemunharam tendências parecidas na mesma época, apesar de as circunstâncias e motivações variarem amplamente tanto entre países quanto internamente. Como resultado de um post viral nas redes sociais escrito por um programador que trabalhava em Beijing conhecido apenas como Jeff, jovens chineses começaram a trocar seus horários de trabalho extenuantes pela escolha de "ficar deitado". Isso significava que estavam optando por sair da cultura de correria e desempenho típica de uma escala de trabalho "996": das nove da manhã às nove da noite, seis dias por semana. Isso virou uma prática tão recorrente que levou a uma condenação pública do presidente Xi Jinping.[2] Embora o post viral de Jeff sobre resistência passiva fosse uma reação específica e basicamente jovem a um sistema e uma cultura particulares, demonstra as dinâmicas de poder que muitas vezes estão em jogo em nossas decisões sobre ficar num cômodo ou entrar em um novo. Também ilustra o abismo nas narrativas entre as pessoas em posição de poder e as pessoas nos cômodos, e o que acontece quando essas narrativas são desafiadas. O resultado do post viral de Jeff foi que a mídia estatal na China emitiu fortes críticas contra o movimento de "ficar deitado", e o post original desapareceu de múltiplas plataformas de redes sociais.[3]

Nos Estados Unidos, a "terra dos livres e lar dos corajosos", onde a autoexpressão e a autonomia costumam ser mais valorizadas do que a lealdade a um grupo ou uma causa, a narrativa oposta pode estar em jogo. Os que ficam podem ser vistos como antiquados, presos ou retrógrados, e os que vão embora, como bravos e corajosos.

É importante apontar e nomear nossas narrativas, aquelas sobre ficar e ir embora, aquelas moldadas por nossa cultura, nossa família de origem, nossa própria experiência de vida. Nossas escolhas, nossa capacidade de fazê-las e nossa consciência ou inconsciência de segurança, atitudes e autonomia influenciarão em que grau conseguimos tomar decisões, para começo de conversa.

"Emmy, hora de ir!"
"Já vou!"

Nossa casinha na Gladstone Avenue foi o primeiro lar que conheci. Cada memória de infância que tenho até os doze anos está ligada àquela casa, ou à outra localizada a quatro minutos dali, a residência de dois andares na Westline Drive onde moravam a vovó e o vovô Morland. Eu não tinha por que pensar que um dia iríamos embora da cidadezinha que era meu mundo inteiro. Até irmos.

No fim do meu quarto ano do ensino fundamental, meu pai conseguiu um emprego em Iowa, a seis horas de carro de nossa cidadezinha, longe de toda a nossa família, minha escola amada, a piscina comunitária, a loja de departamentos JCPenney e o McDonald's onde comi meu primeiro McLanche Feliz. Uma mudança para um lugar que ficava a seis horas de onde eu havia nascido era como uma mudança para Marte.

No dia em que tínhamos marcado de ir embora, paramos na casa da minha avó para nos despedirmos.

Enquanto os adultos colocavam sanduíches em uma cesta, enfiavam latas de refrigerante Big Red no cooler e olhavam o mapa dobrável todo grifado, saí da cozinha escondida para ficar uns minutos sozinha. Precisava de um momento antes de entrar no caminhão de mudança e atravessar metade de Indiana e todo o Illinois para começar o quinto ano no lado oeste (por pouco) do rio Mississippi. Logo antes de fechar a porta do banheiro atrás de mim, olhei o cômodo pequeno e sem janelas: pia preta de porcelana; frascos de spray de cabelo, perfume e musse enfileirados na bancada; tubos de batom e rímel espalhados pela superfície. Baixei os olhos para meus pés cobertos por meias que deixavam uma leve pegada no carpete cinza. "Estou bem aqui agora. Este cômodo não sabe que estou indo embora."

Mal tendo completado doze anos, olhei meu reflexo no espelho manchado de água sem perceber que estava refletindo sobre a magia da permanência e da passagem do tempo. Imaginei como todo aquele banheiro permaneceria ali quando eu saísse e apagasse as luzes. Aquele espelho permaneceria ali quando eu subisse no caminhão de mudança e fosse para longe de Columbus. Aquela torneira permaneceria ali mesmo quando eu não estivesse, jorraria água, ficaria no escuro e testemunharia os hábitos matinais da minha linda avó se arrumando para trabalhar no centro de reabilitação. Fios de seu longo cabelo prateado flutuariam para o carpete enquanto ela o escovava e o prendia num rabo de cavalo baixo.

"O que eles vão fazer se eu não sair?"

"Será que eu conseguiria me dobrar dentro do armário embaixo da pia e fazer um lar com os frascos empoeirados de desinfetante e o papel higiênico extra? Eu ainda vou ser uma Hoosier* mesmo que a gente não more mais em Indiana?"

"Será que consigo ganhar algum tempo?"

"A gente vai ficar bem?"

De novo, naquela época, eu conseguia me dar conta disso, mas tinha todas as perguntas que carregamos quando nos confrontamos com a saída de um cômodo: eu negociava um fim alternativo, tentava argumentar com soluções irracionais, procrastinava para evitar o inevitável, me perguntava sobre minha identidade e segurança.

Essa ida não era o que eu teria escolhido. Não sei se meus pais também a teriam feito, caso tivessem outra escolha. Mas, quando meu pai perdeu o emprego, precisou de um novo, e a profissão na qual ele estava se desenvolvendo exigia uma realocação. Não havia empregos disponíveis para ele em Columbus, então, tínhamos que ir.

---

* Designação popular para pessoas nascidas no estado de Indiana. (N. T.)

Um ano e meio depois de irmos para Iowa, nos mudamos de novo, dessa vez para ainda mais longe, para Columbia, na Carolina do Sul, onde eu faria o ensino fundamental II e a maior parte do ensino médio. Quando me formei na faculdade, tinha me mudado mais duas vezes antes de terminar em Greensboro, na Carolina do Norte, onde moro hoje. Minhas narrativas sobre ir embora e me despedir começaram naquele pequeno banheiro da casa da minha avó na Westline Drive e continuaram se formando com a passagem do tempo. Aquelas narrativas foram moldadas por muitas mudanças, muitos primeiros dias de aula, muitas despedidas de grupos de amigos, muitos "olás" a novos grupos.

Em contraste, eu e John nos conhecemos e nos casamos aqui em Greensboro, a cidade em que ele nasceu. Ele morou a vida toda em apenas uma casa, ficou em apenas um distrito escolar, só se mudou quando foi para a faculdade. Depois de vinte e dois anos de casamento, ainda vivemos nesse mesmo lugar. Agora, criamos nossos próprios filhos aqui; duas delas já se formaram no ensino médio — uma segunda geração de greensborianos.

E, assim, a questão de ir embora ou continuar num relacionamento, um emprego, uma vocação, um voluntariado, uma igreja, uma cidade ou em uma casa em particular — essas questões não são criadas todas do mesmo modo. Duas pessoas nunca terão a mesma decisão a tomar. Se você e eu estivermos definindo se é hora de cada um de nós se mudar para o outro lado do país, eu já tenho narrativas entranhadas sobre o que isso significa. Se você tiver morado no mesmo lugar a vida inteira, você também. Não estamos fazendo as mesmas perguntas.

Nossas experiências de ir embora e de sermos deixados, de nos afastar e recomeçar, e nossas decisões de fazer isso de novo dependem de muita coisa, inclusive de como foi da última vez, se é que houve uma última vez, e se juramos que nunca haveria uma próxima.

A forma como entramos em novos cômodos depende dos últimos cômodos em que estivemos e como nosso tempo neles acabou. Também depende de se nossa partida foi planejada, forçada ou escolhida. Uma pergunta sobre pausar, ficar ou se afastar em geral não é feita quando está tudo bem. Em vez disso, ela é feita quando o cômodo em que estamos mudou. Ou quando nós mudamos. Ou quando percebemos algo que sempre esteve lá, mas não tínhamos visto, não nos incomodava ou significava algo diferente do que significa agora. Há um milhão de motivos para podermos questionar se o cômodo em que estamos ainda nos comporta. Espero que você se questione isso com ternura e cuidado, honrando o processo de discernimento e os sinais de alerta que talvez esteja reprimindo enquanto isso. Mas antes de explorarmos qual é o momento e os vários tipos de perguntas que você talvez esteja carregando, vale a pena explicar do que estamos e não estamos falando.

Alguns meses depois de entrar no primeiro ano da faculdade, minha filha veio para casa com uma dor misteriosa na lateral do corpo. Depois de consultar o médico e fazer alguns exames, ele a enviou para casa com instruções de ligar se a dor piorasse. Se ela começasse a ter febre, devia ir direto para o pronto-socorro. Às seis da tarde, estávamos no hospital e eu oferecia apoio moral em meu novo e estranho papel de mãe de uma recém-adulta, por cujas despesas médicas eu ainda era responsável, mas não tinha permissão de ver os prontuários sem autorização. Em que mundo vivemos hoje em dia!

Ela se sentou na maca coberta de papel com uma febre baixa e muitas perguntas, esperando o resultado de uma tomografia com a preocupação de que fosse apendicite. No fim, não acharam nada de errado. Todos os seus órgãos estavam bem, todos os exames de imagem estavam normais, e eles se prepararam para nos mandar para casa. Enquanto a médica dava algumas instruções finais, perguntei o que ela achava que podia estar causando a dor.

"O pronto-socorro existe para salvar vidas. Determinamos que a vida dela não está em risco. Vocês devem procurar seu médico de família para que ele faça um diagnóstico e defina os cuidados posteriores."

Foi uma resposta frustrante, mas ela tinha um argumento importante, e agora usarei o argumento oposto: este livro não é um pronto-socorro; é mais parecido com seu médico de família. Se o cômodo em que você está agora exige cuidados emergenciais, se sua vida ou saúde estão correndo sérios riscos, se você está em uma situação que exige ação imediata, não há necessidade de nuances, quanto mais um livro inteiro, para guiá-lo por todo o processo. Se ficar num lugar está lhe causando mal ou ameaçando sua vida, espero que você tenha os recursos e o apoio necessários para sair de imediato.

Pode ser que você ainda não perceba que está numa situação de emergência. Nesse caso, minha sincera oração é para que o processo de discernimento em que estamos entrando juntos lhe mostre o que você precisa saber e que apareça uma porta para você atravessar e achar ajuda, alívio e cura. Por enquanto, vamos entender que você está razoavelmente seguro, mas parado num limiar com uma pergunta: "É hora de eu parar, ficar ou ir embora?".

4. Lembrar seu caminho

O caminho só se desdobra atrás de nós,
nossos próprios passos é que criam a estrada.

Lynn Ugar, "The Path"

"Quando as folhas viram do avesso é que se sabe que vai haver um tornado." Essa era a sabedoria meteorológica que eu ouvia quando criança, passada de bisavó para avó, para tias e de mãe para filha. Eu acreditava em cada palavra, achava que havia algo mágico nas folhas que somente o ar do tornado poderia despertar. Por isso, eu ficava de olho nelas quando o céu do sul de Indiana ficava cinza, vendo se mostravam suas finas nervuras. Aprendi cedo a importante diferença de vida ou morte entre um "alerta" de tornado (as condições são ideais para um tornado na área) e um "aviso" de tornado (entre na banheira e pegue seu capacete porque a casa vai sair voando). Os avisos de tornado eram um assunto sério, especialmente se você fosse filha da minha mãe. Ao primeiro sinal de problema, ela nos reunia em nosso pequeno banheiro, dando-nos uma aula exaustiva sobre como os cômodos internos pequenos são os mais seguros em uma tempestade, mas, se não for possível chegar a um deles, pelo menos se esconda na soleira de uma porta até que a tempestade passe.

Continuando nossa metáfora, chegamos em nossa própria soleira. Talvez você ainda não saiba se é hora de abandonar determinado cômodo. Mas está fazendo um trabalho importante de nomear onde está e que tipo de fim pode estar enfrentando, que são os primeiros passos vitais para discernir para onde está indo. É assim que nomeamos o caminho que percorremos para chegar até aqui: apontando e falando, e fazendo perguntas para nos ajudar a considerar os cômodos de nossa vida, incluindo aqueles aos quais pertencemos, aqueles que deixamos e aqueles sobre os quais ainda não temos certeza. Estamos acendendo uma vela nos cômodos de nossa vida, e a luz fica mais forte a cada pergunta.

"Quais cômodos ainda são para mim e para quais cômodos eu ainda sou?"

"Quais cômodos estou questionando e quais podem estar me questionando?"

"Onde sinto sinais de alerta?"

"São amarelos ou vermelhos?"

"Que tipo de fim é esse?"

Depois de muitos anos organizando bate-papos e escrevendo sobre tomada de decisões e discernimento, aprendi que os melhores indicadores de decisões futuras são as decisões que já tomamos. Isso significa que, para seguir em frente, temos de olhar para trás.

Pode não ser sua coisa favorita, mas espero que você me acompanhe.

Há anos mantenho uma prática regular de reflexão, e tem sido uma das experiências mais transformadoras nas quais já me envolvi. Prestar atenção nos cômodos em que entrei e saí antes e no que foi revigorante e cansativo nessas situações é um excelente ensinamento para o futuro. Mas, quando temos uma decisão a tomar, nossa tendência é procurar um caminho à frente, sem perceber que o único disponível para nós é aquele que já percorremos. Quando se trata de nossa vida, estamos sempre apenas no início.

O poeta espanhol Antonio Machado escreveu um poema que dá um sentido mais preciso a esse conceito: "Caminante, no hay camino", traduzido como "Caminhante, não há caminho". A mensagem geral do poema é que o *caminho se faz ao caminhar*.

A poeta contemporânea Lynn Ungar compôs esses versos em seu poema chamado simplesmente "The Path" [O caminho]:[1]

O caminho só se desdobra atrás de nós.
Nossos próprios passos é que criam a estrada.
Podemos olhar para trás e ver as placas de sinalização —
as que seguimos e as que não seguimos —
mas não há indicadores para o que está por vir.*

Nosso trabalho, portanto, não é tentar encontrar o caminho à nossa frente, mas nomear o caminho atrás de nós, aquele que percorremos e que nos trouxe ao sagrado agora. É a segunda letra de nosso acrônimo ALMA — *Lembrar seu caminho* — e é o que vamos descrever a seguir.

Quer estejamos entrando em novos cômodos, saindo de cômodos antigos ou florescendo dentro dos cômodos em que permanecemos, a reflexão serve como uma prática espiritual fundamental.

---

* *The path only unfolds behind us, / our steps themselves laying down the road. / You can look back and see the sign posts — / The ones you followed and the ones you missed — / But there are no markers for what lies ahead.*

Independentemente do resultado, as decisões pessoais que tomamos no passado em geral são nossas melhores professoras. Aquelas que resultaram em vitórias e derrotas. As boas, as ruins e até mesmo as indiferentes — todas as nossas decisões passadas têm algo a nos ensinar. Isso se aplica não apenas ao nosso passado individual, mas também ao coletivo.

Olhando para trás em minha própria trajetória, sei que os primeiros espaços de fé em que me encontrei foram formativos. Conheci meu amigo Jesus aos sete anos de idade, sob a orientação e as orações de minha mãe, tranquila, entre as paredes da casinha branca na Gladstone Avenue, em Columbus, Indiana. Ensinaram-me que Deus queria ter um relacionamento pessoal comigo, e as palavras que usávamos para falar sobre Deus e fé eram simples, relacionais e individuais.

Quando ela não estava verificando se o fogão estava desligado — "Desligado, desligado, desligado, desligado" —, uma das coisas que eu mais gostava de fazer com minha mãe era cantar com seu hinário encadernado. Ajeitávamos o livro verde entre nós, que ficava todo torto, deitado metade em seu colo grande e metade no meu colo pequeno, abrindo em "Just as I Am", "How Great Thou Art" ou "What a Friend We Have in Jesus". Amontoávamo-nos na cadeira de balanço reclinável e estofada em um dos cantos da sala, entoávamos a melodia em uníssono, porque era a única maneira que conhecíamos, e cantávamos esses hinos pelo que me pareciam ser horas. Provavelmente não passava de alguns minutos de cada vez, mas a lembrança continua viva, e minha fé se tornou fácil, como brincar de Barbie em uma manhã de sábado.

Nos meses e anos que se seguiram à minha profissão de fé, falar com Jesus era a coisa mais natural do mundo para mim, tanto que uma das minhas primeiras lembranças da escola é estar sentada com uma amiga nos balanços do colégio

L. Frances Smith e contar a ela tudo sobre Jesus e o Céu, e perguntar se ela não queria orar para pedir a Ele que viesse morar dentro de seu coração como um pequeno melhor amigo. Por que alguém diria não a isso? Eu não conseguia imaginar. Só depois de refletir é que me lembro vagamente de que ela e sua família frequentavam uma igreja metodista na cidade. Não me ocorreu que ela poderia, de fato, já ter fé em Deus. Talvez ela já conhecesse meu pequeno melhor amigo. Talvez para ela Jesus fosse um grande amigo. Eu não sei. Nunca perguntei.

Receber uma expressão de fé de seus pais em uma idade precoce traz presentes e fardos que passaremos a vida inteira desempacotando. No meu caso, aprendi o conforto inigualável trazido por um jantar colaborativo da igreja e como Deus Pai, Deus Filho e Deus Espírito Santo podem aparecer na mesa de sobremesa. Aprendi a tocar os sinos de mão e a letra de todos os 129 versos de "Just as I Am". Aprendi e acreditei que Deus era, em sua essência, *bom*, que Deus era para mim e eu podia confiar nele. Aprendi que, se eu tivesse uma pergunta, provavelmente não deveria fazê-la, porque isso mostraria que há coisas que não sei, e parecia uma má ideia as pessoas ficarem sabendo disso. Ninguém me falou essas coisas, mas de alguma forma eu percebi.

Havia um conforto e uma sensação de estar em casa por-que nossa comunidade de fé do sul de Indiana, e, mais tarde, outra na Carolina do Sul, não pareciam igrejas comuns. Sou grata pelos ensinamentos de minha educação espiritual, e ain-da estou descobrindo as partes que foram deixadas de lado. Um dos aspectos menos enfatizados e, portanto, subdesenvol-vidos de minha formação espiritual pessoal, conforme crescia nas igrejas evangélicas específicas que frequentávamos, é que aprendi que nossa fé era principalmente *pessoal*. E, embora isso seja verdade, eu não tinha um entendimento completo da importância da comunidade e da diversidade da igreja global. Apesar de eu ter aprendido sobre a reunião regular de pessoas, perdi a parte sobre como a igreja é mais do que apenas a minha igreja e como o povo de Deus nem sempre se parece comigo. A igreja é onde começaram a se formar minhas primeiras narrativas sobre Deus e fé, comunidade e responsabilidade, sobre o que significa ficar e o que significa se afastar. Essa reflexão, embora incompleta, é uma maneira de apontar e falar meu próprio caminho, especificamente no que se refere a minha vida e experiência com o Divino.

No final de 2019, muitos desses aspectos subdesenvolvidos de minha formação espiritual começaram a vir à tona. A essa altura, nossa igreja estava instalada no novo prédio, nossa família tinha uma rotina sólida com nosso grupo comunitário e servíamos juntos mensalmente, preparando a mesa para a comunhão e o santuário para a adoração. Mas, depois do culto aos domingos, John e eu trocávamos histórias sobre o desconforto crescente. Estávamos pressionados a ficar e, naquele momento, não estávamos pensando em fazer uma mudança. Porém, estávamos ficando cada vez mais desconfortáveis com algumas das formas de funcionamento da igreja, e não éramos os únicos. Muitos de nossos amigos compartilhavam dessa sensação, mas John e eu mantínhamos nossas conversas mais detalhadas apenas entre nós. Fazíamos a nós mesmos muitas das Dez Perguntas — não de maneira formal, mas regularmente.

Nós escolhemos este cômodo? Sim.

O que há de bom e bonito aqui? Muita coisa.

Há cantos que estamos evitando? Com certeza.

Qual é o nosso papel para efetuar mudanças? Não temos certeza.

Expressamos um ao outro nossa frustração compartilhada sobre quem estava faltando no cômodo, bem como sobre quem já havia saído pela porta. Tínhamos uma tensão real e dolorosa entre essa comunidade de pessoas, que amávamos, e o sistema mais amplo no qual a comunidade operava. Talvez na época não tenhamos chamado isso de apontar e falar, mas foi o que fizemos todas as semanas durante muitos meses, trabalhando para nomear nosso desconforto e identificar se os sinais de alerta que sentíamos eram apenas amarelos ou vermelhos.

Sempre que levamos nossa consciência para o que é verdadeiro no momento, podemos nos perguntar o que fazer com as informações que coletamos. Onde colocamos nossas perguntas, nossos fatos, nossas intuições, nossos pensamentos incômodos e nossas realidades recém-percebidas? Mesmo que a prática de apontar e falar revele algo que você não havia nomeado ou não havia notado antes, a conscientização não implica automaticamente que precisa haver uma mudança. Inclusive, às vezes a conscientização pode trazer grande alívio. Talvez você tenha pensado que teria de sair do cômodo para sempre, quando, na verdade, só precisaria ter uma conversa difícil, fazer alguns pequenos ajustes ou mudar a maneira como está se apresentando. Assim como usar um casaco dentro de casa, apontar e falar pode ajudá-lo a perceber que você tem o poder de controlar o termostato. É claro que nem sempre é o caso, mas às vezes é, e só percebemos depois que apontamos e falamos.

Se o fato de apontar e falar revela a realidade de que nem tudo está bem ou, pelo menos, pode não estar bem no caminho à frente, como saberemos o que mudar, quando fazer uma mudança ou qual o tamanho da mudança a ser feita? Como acontece com a maioria das coisas nesse processo, depende, entre outras coisas, do que é mais importante para você. Na Parte

2, entraremos no corredor: um momento para manter a tensão de nossas decisões, para dar uma segunda e, às vezes, uma terceira olhada no que está nos impedindo de avançar, e para examinar e avaliar nossos cômodos e scripts enquanto discernimos se é bom ficar ou se é hora de encontrar um novo caminho. Mas vamos nos lembrar de nosso caminho, primeiramente, explorando dois pontos de orientação simples que talvez nem saibamos que já estão guiando nossa trajetória.

O processo de tomada de decisão é um dos meus temas favoritos, porque é um cenário dinâmico, profundamente pessoal e sempre em mudança. Mas também é uma das coisas que mais me causaram problemas na vida. Que decisão devo tomar? Como posso ter certeza? E se eu estragar tudo?

Quando estamos inseguros ou hesitantes em tomar uma decisão, nossa tendência pode ser fazer listas, perguntar às pessoas e pesar os prós e os contras. É claro que tudo isso pode ser útil. Mas um de nossos maiores professores é aquele que com frequência ignoramos, possivelmente porque pode ser o mais difícil de ouvir: nós mesmos. Somos nós, nosso próprio desejo, nossa intuição e o movimento de Deus em meio a tudo isso que é, como disse o filósofo e escritor Dallas Willard, "o grande ser [...] que preenche e transborda todo o espaço, inclusive a atmosfera ao redor de nosso corpo".[2] No nível mais básico, tomar decisões de uma maneira melhor começa com a compreensão de que não fazemos isso em um vácuo. Há muitos fatores em jogo que dão cor, textura e nuance a cada uma das decisões que tomamos, mesmo as pequenas. Por mais que pensemos o contrário, é impossível abordar as decisões independentemente de quem somos, já que nossas escolhas nascem de nosso caráter.

Praticaremos olhar para trás a fim de descobrir o que chamaremos de pontos de orientação pessoais, aqueles marcadores ao longo de sua vida que já serviram como setas para você durante o caminho. Eles o ajudam a saber que está se movendo em uma direção alinhada com quem você é hoje e como foi criado para se mover no mundo. Porque esse bom trabalho de discernimento não começa quando você tem uma grande decisão a tomar. Como disse a filósofa e romancista irlandesa Iris Murdoch: "Em momentos cruciais de escolha, a maior parte da tarefa de escolher já está concluída".[3] Quando chega a hora de tomar uma decisão, tendemos a agir por instinto. Então, como podemos nos tornar o tipo de pessoa cujo instinto é agir e escolher com sabedoria, generosidade, coragem e amor? Uma maneira de começar é conhecer e nomear nossos pontos de referência pessoais, definidos por nossa personalidade espiritual (ou como nos conectamos com Deus) e nossos valores essenciais pessoais (ou o que é mais importante para nós). Esses valores são vividos por meio de comportamentos escolhidos e da expressão exclusiva de nossa personalidade. Vamos dar uma olhada mais de perto no primeiro guia: personalidade espiritual.

No oitavo ano, fiquei muito feliz ao ser convidada para fazer uma viagem à praia com um grupo de três outras meninas e uma de suas mães. Eram garotas de quem eu gostava, e fiquei feliz por elas quererem estar perto de mim. Porém, cerca de uma semana antes da viagem, uma delas me procurou na escola e disse que talvez eu devesse repensar minha decisão de ir à praia com elas. "Você provavelmente não se divertiria", disse a menina. "Só estamos cuidando de você", continuou. "É melhor assim." Que atenciosa. Mas meu cérebro não estava totalmente desenvolvido e eu não tinha a capacidade de ler nas entrelinhas, então a pressionei, confusa com por que ela achava que eu não me divertiria. "Eu me divertiria muito! Eu quero ir! Espera, por que não posso ir? Estou sendo desconvidada?"

Ela finalmente cuspiu: "Bom, nós não vamos querer ficar sentadas no quarto do hotel lendo a Bíblia o dia todo, que nem você vai fazer".

Ah.

Com o rosto vermelho e lágrimas nos olhos, tentei assegurar que não era isso que eu faria, que não era isso que eu *queria* fazer. Mas o veredito tinha sido dado e a decisão, tomada: eu era religiosa demais para me divertir na praia. Não estava nas mãos dela. A culpa era minha. E fui dispensada.

Como se pode imaginar, tudo isso foi um desastre do ponto de vista relacional. Perdi essas amizades depois disso, e tudo por causa da minha fé. Pelo menos, foi desse jeito meio mártir que meu eu do oitavo ano interpretou a situação. Talvez eu fosse só uma menina chata — vai saber? O que eu poderia ter feito para convencê-las que não era daquele jeito? Onde foi que errei? Eu não era uma pessoa que levava a Bíblia para a escola. Não usava camisetas com estampas cristãs cafonas. Ouvia música razoavelmente descolada, igual a todo mundo. Mas, de alguma forma, elas haviam percebido minha profunda devoção a Deus e não estavam interessadas naquilo. Levaria anos para que eu me orgulhasse de quem eu era no oitavo ano e me sentisse grata por ter evitado um desgosto pior, que certamente teria acontecido se eu tivesse ido com elas e fosse excluída sem ter como escapar. E levaria ainda mais tempo para que eu, já adulta, tivesse compaixão de mim mesma naquela idade, a garota que de fato aderia com muita rigidez a um padrão que eu achava que Deus tinha para mim e que provavelmente, sem saber, julgava as crianças ao meu redor por não estarem à altura daquilo. Tive de me perdoar

70   *Emily P. Freeman*

por todas as maneiras pelas quais eu me achava melhor do que todos os outros. Ah, as profundezas da graça de que todos nós precisamos. A realidade é que elas não entenderam tudo errado. Eu adorava ler a Bíblia. Não na escola, e não teria feito isso na praia. Mas aquelas garotas perceberam que uma parte de minha personalidade espiritual era verdadeira: *eu adorava aprender sobre Deus*. Pensava profundamente sobre questões de fé e me sentia motivada a experimentar Deus e a aprender mais. Devo agradecer à minha mãe por ter me apresentado a Jesus e às comunidades religiosas de minha juventude por terem me ensinado uma maneira de caminhar com ele. Mas, como sempre acontece em qualquer fé saudável, minha compreensão do que significa caminhar com Deus continua a crescer até hoje.

Uma das compreensões mais produtivas sobre a vida com Deus na última década foi entender que a fé e a expressão espiritual não têm apenas um aspecto. É uma revelação vital, especialmente quando se está discernindo se um determinado cômodo é um lugar para você estar.

Em seu livro *Sacred Pathways* [Caminhos sagrados], Gary Thomas apresenta nove maneiras de nos conectarmos com Deus, dependendo de nossa própria personalidade. Ele escreve que todos nós provavelmente nos identificamos com pelo menos um, se não vários caminhos, e eles podem mudar com o tempo. Não se trata de uma ciência exata, mas de uma ferramenta entre muitas outras que podem nos ajudar a considerar como podemos nos conectar mais naturalmente com Deus. Entre os nove caminhos espirituais sugeridos no livro de Thomas, veja se há algum que mais combina com você:

Os *naturalistas* amam Deus por meio do mundo natural e se sentem mais próximos de Deus ao ar livre, em meio à criação. Seja nas montanhas, na floresta ou no oceano, estar na natureza desperta o naturalista para a presença e a beleza de Deus.

Os *sensitivos* se conectam com Deus por meio da experiência dos sentidos: música bonita, arte atraente ou até mesmo a simples luz ou o cheiro de uma vela.

Os *tradicionalistas* são atraídos por rituais e símbolos, abraçando as dimensões históricas de sua fé. Eles podem desfrutar de Deus por meio de hábitos como as orações da manhã e da noite ou práticas litúrgicas com uma comunidade de fé.

Os *ascetas* se conectam com Deus por meio da meditação, da simplicidade ou do registro em diários. Eles são atraídos pelo silêncio e pela solidão e tendem a evitar o que podem chamar de "armadilhas da religião e o barulho do mundo exterior".

Os *ativistas* são compelidos por uma visão maior do mundo. O enfrentamento de sistemas corruptos, a defesa dos marginalizados e a luta por justiça e equidade são as maneiras pelas quais eles se conectam mais profundamente com o Divino.

Os *cuidadores* são atraídos por outras pessoas e experimentam Deus mais profundamente quando amam os outros, mesmo que isso exija um sacrifício significativo de sua parte. Eles amam mais a Deus quando amam mais os outros.

Os *entusiastas* são atraídos pela adoração, pela música e pelo mistério. São estimulados a expressar sua conexão com Deus por meio de celebrações alegres.

Os *contemplativos* podem ter uma vida rica e interior de preces e são atraídos a Deus por meio da adoração. Procuram amar a Deus com o amor mais puro, mais profundo e mais brilhante que se possa imaginar.

Por fim, os *intelectuais* amam a Deus por meio da mente e ganham vida quando têm espaço para pensar com profundidade a respeito de teologia.[4]

Este último talvez fosse eu no oitavo ano, experimentando o ritmo de uma intelectual que se conecta com Deus por meio do aprendizado e de minha mente. Não sei se é o caminho mais natural para mim, mas foi o que me serviu de modelo nas comunidades em que minha fé foi formada. Eu achava que a principal maneira de me conectar com Deus fosse por meio de minha mente, e essa ideia foi reforçada e recompensada. Não estava errada, mas era incompleta.

Aprender sobre esses vários caminhos espirituais é uma abordagem útil para considerar a melhor maneira de nos conectarmos com Deus. Acho que a linguagem de Gary Thomas é informativa, mas isso não significa que esgote o assunto. Também não significa que nos conectamos com Deus de uma maneira específica, excluindo todas as outras. Ele simplesmente propôs uma linguagem para as formas como as pessoas podem se conectar com Deus, e essa linguagem facilita a discussão e a exploração. E se houver tantas maneiras de se conectar com Deus e expressar amor por Ele quanto há seres humanos?

Ouvi pela primeira vez o termo "personalidade espiritual" de meu amigo e colega Keas Keasler, que adaptou o trabalho de Gary Thomas em *Sacred Pathways*, mudando a palavra "caminho" para "personalidade". Ambas as imagens podem ser úteis, mas eu prefiro "personalidade", que lembra algo intrínseco, interno. Não importa como você chame, é provável que tenha tido uma ideia restrita ou abreviada do que significa conectar-se com a presença divina de Deus, independentemente de sua tradição de fé ou formação espiritual. Se a sua tradição valoriza a contemplação e o silêncio, mas a sua personalidade é naturalmente atraída por conversas animadas com as pessoas ao seu redor e ganha vida com isso, é possível que você tenha passado a acreditar que não tem um caminho para se conectar com Deus, porque aquele que foi modelado para você não faz sentido. Ou se a sua tradição de fé lhe ensinou que levantar as mãos e fechar os olhos durante momentos emocionantes de adoração era a única evidência de conexão com Deus, ou pelo menos a principal, mas você se sente atraído por espaços mais calmos e grupos menores, é possível que tenha acreditado na narrativa de que não é uma pessoa suficientemente espiritual. Os scripts que lhe foram passados por suas tradições religiosas específicas são frases que você pode memorizar, mas não são sua língua nativa.

Algumas comunidades de fé elevam determinados dons ou traços de personalidade em detrimento de outros, rotulando-os (de forma explícita ou indireta) como mais espirituais do que outros dons ou traços de personalidade. Mas todos os nove caminhos (e mais) contam — como ter uma ideia, preparar uma refeição, fazer uma caminhada, dar uma festa, coletar folhas, praticar fotografia, encontrar-se com as pessoas. Tudo isso são expressões humanas de personalidade, desejo e vida. Tudo isso pode ser uma forma de se conectar com Deus. Seu caminho de conexão molda sua personalidade espiritual. E sua personalidade espiritual informa seus guias pessoais para a tomada de decisões.

O objetivo não é nomear e restringir sua personalidade espiritual de uma vez por todas. Em vez disso, considere as seguintes perguntas para ajudá-lo a conhecer e nomear sua própria personalidade espiritual por enquanto:

Com quais caminhos me identifico imediatamente? Sem pensar muito profundamente sobre eles, há um ou dois que se destacam entre os demais?

Que atividades, ambientes e pessoas me atraem para Deus, para a Luz, para o Divino? Fazendo uma retrospectiva de sua vida, pense em momentos em que Deus parecia estar próximo. O que você estava fazendo e com quem estava?

Da mesma forma, quais são os caminhos que parecem menos naturais e mais estranhos para mim? Talvez vários deles pareçam profundamente desinteressantes, intimidadores ou desnecessários. Em vez de julgar a si mesmo por estar desmotivado ou desconfiar de outras pessoas que se identificam com esses caminhos, deixe que seja uma informação útil. Saber o que não o atrai é tão importante quanto nomear o que o atrai.

Há algum caminho específico que possa me abrir para uma nova experiência com Deus? Onde você sente curiosidade ou um apelo? Algumas dessas descrições lhe dão vontade de aprender mais?

Além das nove maneiras já mencionadas de se conectar com Deus, o que está faltando? O que você acrescentaria à lista? O que removeria? O que parece incompleto? Como reformularia ou renomearia o que foi listado aqui?

Leve essas perguntas consigo ao longo de seu caminho, prestando atenção nas atividades, nos movimentos, momentos do dia e ambientes que o despertem para a presença de Deus em sua vida. A maneira como você se conecta com Deus já faz parte de seu caminho. É um guia que você provavelmente vem seguindo em sua vida, talvez só ainda não o tenha nomeado.

Embora sua personalidade espiritual tenha tudo a ver com a forma como você se conecta com Deus, seus valores pessoais essenciais têm tudo a ver com o que é mais importante para você. Esse é o nosso segundo ponto de referência.

Sem um guia, perdemos o rumo. Ao atravessar a névoa da indecisão, da dúvida, de não ter certeza do que fazer em seguida, somos como viajantes que não conseguem ver os pontos de referência na névoa. "A tentação", escreve Margaret Silf em seu livro *Inner Compass* [Bússola interior], "é tentar resolver o problema por meio de esforço e atividade, o que faz com que andemos em círculos e, se estivermos em terreno perigoso, podemos cair em uma fenda ou em um penhasco."[5] Então, é aqui que continuamos a colocar a linguagem em nossa própria bússola interior.

Dallas Willard costumava dizer que todos recebem formação espiritual, assim como todos recebem educação, e isso não tem nada a ver com igreja ou escola.[6] Estamos sempre sendo formados e educados, mas a questão é: como? Em direção a quê? Nossa formação é generativa ou degenerativa, restauradora ou malformada? Estamos nos movendo em direção a Deus ou nos afastando Dele? Que tipo de educação estamos recebendo? Que tipo de formação está ocorrendo no nível espiritual?

Um princípio semelhante se aplica aos nossos valores pessoais essenciais. Todos nós os temos, mas eles são nomeados? Sabemos quais são? E são o que queremos que sejam? Os valores pessoais essenciais nos ajudam a saber e nomear quem já somos e o que é mais importante para nós. Os perigos de não conhecer ou nomear seus valores pessoais essenciais são muitos.

Naturalmente, você pode pensar que o perigo seria viver uma vida "inferior" àquela que você poderia estar vivendo. Mas o contrário também é verdadeiro. Você pode ter muito sucesso em uma vida que nunca quis. Pode permitir que os interesses de outras pessoas determinem seu sim e seu não. Estará mais propenso à manipulação, à coerção e à dúvida. Pode perder o senso de orientação, sempre olhando ao redor em vez de olhar para dentro. Pode acabar dizendo sim a muitas oportunidades excelentes que levam ao palco de outra pessoa e atendem aos interesses dela. É possível ter muito sucesso em uma vida que não combina com você. Acontece o tempo todo. O potencial não aproveitado e o sucesso desalinhado são apenas dois lados da mesma moeda. Você não pode ser formado dentro da vida de outra pessoa. Tem de viver sua própria vida. É por isso que é imperativo identificar o que é mais importante para você. Porque o que é mais importante sempre informará sua próxima ação correta.

Eis o mais importante a saber: você já tem valores essenciais pessoais, assim como já tem uma personalidade espiritual e também já tem um ritmo de vida. O trabalho aqui, então, é começar a convidar essas partes definidoras de si mesmo a se manifestar, apontá-las, falar delas e começar a lhes dar forma e linguagem.

A seguir estão cinco perguntas para ajudá-lo a nomear seus valores pessoais essenciais, aqueles princípios orientadores que provavelmente já informaram todas as suas decisões, mesmo que você não esteja ciente de quais são eles. Pode ser bom dar a si mesmo um intervalo para meditar a respeito dessas questões ao longo de seus dias, respondendo-as com tempo, prestando atenção nos seus pensamentos iniciais, bem como nas respostas que possam conter mais nuances ou que precisem de mais tempo para serem desvendadas.

O que me incomoda? Muitas vezes nos sentimos incomodados quando algo que é profundamente importante para nós é violado, ignorado ou desvalorizado. Siga os fios da frustração e você poderá chegar a um valor pessoal profundamente arraigado.

Quando foi a última vez que me senti mais eu mesmo? O que estava fazendo? Quem estava presente? Quem estava ausente? Quando estamos vivendo de maneira plena como quem somos mais profundamente, é provável que nossos valores pessoais essenciais estejam alinhados com essa atividade, ambiente ou grupo.

O que inspira emoção em mim? As lágrimas e o riso podem servir como pequenos mensageiros da parte mais profunda de quem somos. Se os recebermos sem pedir desculpas, eles farão um bom trabalho dentro de nós, servindo como setas em nossa vida. Têm a capacidade de enviar uma mensagem muito importante, um presente de nossa vida interior para nos lembrar do desejo, da importância e do valor. Preste atenção nisso.

O que eu quero que seja verdade no mundo? Às vezes, nossos valores são aspiracionais, algo que esperamos que seja verdadeiro em relação a nós ou ao mundo ao nosso redor, em relação à nossa maneira de nos movermos pelo mundo. Isso não significa que sempre agimos de acordo com esse valor, mas pensar sobre o que esperamos que seja verdade pode nos ajudar a começar a colocar a linguagem no que mais valorizamos.

Que palavras, imagens, histórias ou momentos me inspiram? Não há resposta errada aqui. Basta fazer uma lista de palavras ou frases, filmes ou livros, lembranças ou conversas que tenham ficado com você ao longo do tempo. Não se preocupe se parecerem não relacionados ou aleatórios. Quando sua lista estiver completa, veja se consegue identificar assuntos ou temas comuns.

Conhecer sua personalidade espiritual e seus valores pessoais essenciais são dois elementos-chave que informam seus guias pessoais. Um ponto de referência não é necessariamente algo externo para o qual você possa apontar; em vez disso, é outra forma de dar linguagem ao desejo. "Desejo" é uma palavra com a qual muitos de nós não sabemos o que fazer. É uma palavra do tipo "batata quente", com a qual não queremos ficar por muito tempo para não nos metermos em problemas. No entanto, o desejo é simplesmente energia, uma força motivadora em direção a algo que desejamos. Podemos nos deixar enganar pelo desejo? Sim. Mas podemos ser enganados por evitar, temer ou contornar o desejo? Sim também. Talvez um aspecto útil a ser lembrado sobre o desejo seja o seguinte: saber e nomear o que você quer não é o mesmo que forçar ou exigir o que você quer.

Exigir que um desejo seja atendido é uma forma de agressão.

Nomear um desejo que você tem é uma confissão honesta.

Nosso desejo é nosso desejo, quer o nomeemos ou não. Temos problemas quando temos um desejo e exigimos que ele seja atendido, do nosso jeito e no nosso tempo. Mas conhecer e nomear nosso desejo é um presente para nós mesmos e para as pessoas ao nosso redor. É uma forma de honrar nossa vida, de reconhecer as maneiras pelas quais Deus pode estar agindo em nós e ao nosso redor, de apontar e falar sobre o centro de nosso ser, quem somos e quem estamos nos tornando. Nosso desejo pode ser realizado ou não. Mas admitir o que desejamos é algo que não deve ser apenas nomeado, mas também protegido, pois flui de nossa vida interior. O rei Salomão entendeu a importância disso,

PARE! 79

escrevendo em Provérbios 4,23: "Guarda teu coração acima de todas as outras coisas, porque dele brotam todas as fontes da vida".

Não faça o trabalho difícil e profundo de tentar discernir se é hora de ficar ou ir embora até ter feito o trabalho igualmente profundo, mas muitas vezes menos óbvio, de conhecer a si mesmo. Ou, como diz Parker Palmer em *Let Your Life Speak* [Deixe sua vida falar]: "Antes que eu possa dizer à minha vida o que pretendo fazer com ela, devo ouvir minha vida me dizendo quem eu sou".[7]

Como desenvolvi uma prática robusta de ouvir minha própria vida ao longo dos anos, chamei os caminhos espirituais que percorro mais naturalmente de Naturalista (conectar-se com Deus na natureza), Asceta (conectar-se com Deus por meio do silêncio e da solidão) e, às vezes, Tradicionalista (conectar-se com Deus por meio da liturgia e dos símbolos). Essa combinação pode estar em desacordo consigo mesma, pois o asceta é compelido a Deus na simplicidade, enquanto o tradicionalista em mim anseia pelo conforto e pelo ritmo da liturgia e do ritual. Ao longo dos anos, reduzi meus valores essenciais pessoais a três palavras simples: "conexão", "criatividade" e "solidão". Conhecer e nomear meus pontos de referência tem sido esclarecedor em meu processo de discernimento.

Estamos em 2019 e, enquanto continuamos a prestar atenção em alguns sinais de alerta em nossa igreja, também estou no meio de uma das épocas mais movimentadas de minha vida profissional até então. Há quatro anos, administro o site de uma associação de escritores com outros dois cofundadores.

O que começou como um hobby que rendia algum dinheiro extra transformou-se em um trabalho de tempo integral. *Ops! Sem querer, começamos um negócio.* Digo isso em tom de brincadeira, mas em parte é verdade. Sempre esperamos que se tornasse algo que ajudasse as pessoas, que incentivasse os escritores a progredir e a fazer uma diferença positiva no mundo. É claro que, agora que isso aconteceu, temos novas perguntas e problemas mais complicados para resolver. Estamos planejando contratar nosso primeiro funcionário em tempo integral, temos uma pequena equipe de prestadores de serviços em meio período que se esforçaram para acompanhar o ritmo acelerado da nossa startup, e estamos organizando um evento ao vivo que parece exigir não apenas toda a minha atenção, mas também um conjunto de habilidades que não são naturais para mim.

Além do meu trabalho com esse site, estou há dois anos apresentando o podcast *The Next Right Thing*, que deu origem a um livro recém-lançado, e finalmente completei dois longos anos de mestrado em formação espiritual. Meu corpo está exausto e me dizendo isso por meio de problemas estomacais aleatórios e imprevisíveis, perda rápida de peso e um zumbido constante de ansiedade. Por trás de toda essa atividade, da agenda lotada e dos dias às vezes gratificantes, mas sempre cheios de pressão, tenho uma dúvida que ainda não esclareci sobre meu trabalho na startup: "Está chegando a hora de sair desse cômodo?".

Eu sabia que não seria codiretora daquela empresa para sempre. Sabia que chegaria um momento em que ela acabaria, nós a venderíamos ou um ou mais de nós sairíamos da sociedade. Só que o caminho em que eu estava pouco tinha a ver com aquele em que imaginava que estaria. Aquele cômodo era um emaranhado de contratos, ideias divergentes, propriedade intelectual e dinheiro. Não havia portas, apenas janelas.

Em um movimento necessário para a saúde do meu corpo e da minha alma, planejo tirar várias semanas de folga de tudo no final do verão. Uso a palavra "planejo" de forma leviana. Planejo, mas não de forma meticulosa. Deixo algumas coisas pela metade, deixo de participar de reuniões importantes e esclarecedoras com alguns novos membros da equipe e meus parceiros de negócios, e sei que provavelmente haverá uma pilha ridícula de decisões que precisarão ser tomadas quando eu voltar, sem mencionar algumas conversas difíceis. A essa altura, não consigo me importar. Só preciso de um descanso.

As primeiras quatro semanas proporcionam um período de descanso muito necessário, mas aparentemente não são suficientes. Após quatro semanas, retorno ao trabalho remoto sem avisar ninguém para tentar adiantar algumas coisas antes que as reuniões recomecem. Mas mesmo essa única semana de retorno "secreto" deixa minha mente e meu corpo em frangalhos novamente. Antes de voltar por completo ao trabalho, planejo uma última escapada para passar um fim de semana em um dos meus centros de retiro favoritos na Carolina do Norte. Cheguei antes do jantar e sou recebida no check-in por uma mulher com olhos bondosos e um abraço caloroso. A vontade de soluçar é instantânea. Embora eu tenha aprendido a honrar a presença das lágrimas sem pedir desculpas, também sei que não tenho a capacidade emocional de lidar com a ressaca da vulnerabilidade que inevitavelmente virá mais tarde se eu me render a soluçar em cima dessa mulher que acabei de conhecer. Em vez disso, me parabenizei pela liberação de algumas lágrimas respeitáveis, mas, mesmo com isso, ainda me sinto uma criança, com minhas emoções fora de controle. Ela me leva ao meu quarto no segundo andar e, assim que fecho a porta, desabo na cama e fico olhando para o teto. Meu período sabático autoimposto está quase no fim. O que vou fazer agora?

É uma grande pergunta, mas não tenho capacidade de dar grandes respostas. Em vez disso, faço a próxima coisa certa.

Desfaço minha mala, coloco meus livros na mesa de cabeceira e desço para jantar. Enquanto isso, cumprimento meus colegas de retiro e conversamos sobre a comida e o clima. Quando o jantar termina, dou uma volta pelo terreno, percebo como o céu está em um tom mais profundo de azul e como sou atraída pelas sombras sob as árvores distantes.

A ironia é que estou cogerenciando um negócio que exige que eu seja criativa, mas o sucesso do negócio significa que há um espaço na agenda para a solidão, um requisito da criatividade (dois dos meus valores pessoais fundamentais). Durante os dois dias no retiro, faço muitas caminhadas, choro mais da metade do tempo e luto contra o pensamento de que talvez esse período longe de tudo seja um desperdício. Mas também confio que Deus muitas vezes opera coisas boas dentro de nós que não podemos ver ou entender, e esse trabalho invisível está abrindo caminho através de mim enquanto ando pelas trilhas, observo as folhas e coleto pedras. Sou uma naturalista trilhando um caminho simples com Deus. Algo que está funcionando dentro de mim nesse fim de semana é um desejo profundo de mudar de ritmo, um anseio por maior margem, conexão e criatividade. Essas coisas são nomeadas e percebidas na natureza e na solidão. "Guarda teu coração acima de todas as outras coisas, porque dele brotam todas as fontes da vida."

Deixo o retiro sem passos claros para o quando, o porquê ou o como, mas com novos guias pessoais: sei que preciso de *conexão* com Deus e com os outros, de *solidão* para cultivar minha vida interior e de espaço para a *criatividade* a fim de me sentir uma pessoa. Não tenho um plano de saída, uma data de partida ou um processo de cinco etapas para aplicar em seguida. Mas, depois de alguns dias lembrando-me do meu caminho, prestando atenção no último ano da minha vida e nomeando o que tem me drenado e me dado vida, reconheço o impacto que minha agenda está causando no meu corpo e na minha alma. Ao apontar e falar, percebo que algo precisa mudar, que o negócio que estou administrando em sociedade é um bom trabalho, mas não o que eu quero e que, embora eu esteja pronta para sair, ainda não é a hora.

No dia que volto para casa, minha secretária pede demissão, então passo os meses seguintes em busca de uma substituta. Às vezes, é você quem está indo embora, outras vezes é você quem está sendo deixado. Isso não precisa significar que algo ou alguém esteja errado, simplesmente faz parte do ritmo saudável e humano de deixar cômodos e encontrar outros. Para ela, havia chegado a hora, mesmo que eu não estivesse pronta. Seis meses depois, o mundo se fecharia devido à pandemia de Covid-19, adiando ainda mais os planos de fazer uma mudança nos meus negócios.

Passariam três anos até que eu finalmente conseguisse sair do cômodo, deixando a empresa que ajudei a fundar. Esses anos incluíram a contratação de uma grande equipe, a adaptação a um modelo de trabalho totalmente remoto, muita gestão de conflitos, muita paciência comigo mesma e com os outros, e um lembrete constante de que o trabalho que estávamos fazendo nesse ínterim era bom e importante, mesmo quando eu admitia a realidade de que não estaria ali para sempre. Às vezes, a decisão de sair leva a um movimento rápido e a uma mudança instantânea. No entanto, em várias outras ocasiões, uma boa saída começa com a escolha de ficar por enquanto para que você possa sair quando for a hora certa. Isso pode levar anos e exigir paciência, persistência e muita graça.

Dentre as muitas coisas que a tomada de decisões geralmente exige de nós, com certeza está nossa imaginação. Se não nos dermos um pouco de tempo e espaço para considerarmos as possibilidades, para refletir sobre o nosso potencial, para deixarmos que as ideias e os cenários se desenrolem por um tempo, nossa imaginação fará o que lhe parece óbvio. Tomaremos nossas decisões sem nos basear em nossos dons, valores ou no que é mais importante; as tomaremos apenas para evitar dor, desconforto, decepcionar os outros ou, às vezes, tirar a decisão do caminho.

Certa vez, ouvi a reitora executiva do Seminário de Portland, MaryKate Morse, fazer uma pergunta importante: "O que incorpora você a Deus e o que leva você de volta a si mesmo?".[8] Ao procurar pistas sobre o caminho a seguir, olhar para trás para se lembrar do caminho percorrido pode, a princípio, parecer contraintuitivo. À medida que você continua a discernir a próxima coisa certa em relação aos cômodos da sua vida, conhecer e nomear o caminho anterior oferecerá clareza sobre o caminho à frente, pois você nomeia o que o incorpora a Deus (sua personalidade espiritual) e o que o traz de volta a si mesmo (seus valores pessoais essenciais). Quando começar a colocar mais linguagem em sua própria bússola interna, você talvez perceba um convite para mudar de ideia.

5. Praticar mudar de ideia

Somos viciados na ideia de que o aprendizado
pode acontecer sem dor.

Pádraig Ó Tuama, *In the Shelter*

Muitas vezes, um final é o resultado de uma opinião mudada, seja a sua ou a de outra pessoa. Como você está lendo este livro, é bem provável que esteja se perguntando se deve mudar de ideia, que já tenha mudado de ideia sobre algo ou que alguém tenha mudado de ideia sobre você.

Se você quisesse, poderia passar a vida inteira estudando a ciência por trás de como (e por que) as pessoas mudam de opinião. Eu não fiz esse tipo de estudo, mas tenho prestado atenção nos momentos ao longo do caminho em que pensei em algo e depois quando as coisas mudaram. Em um livro de discernimento sobre se é hora de ficar ou ir embora, é fundamental conversar sobre um dos maiores obstáculos para chegar a uma resposta: a hesitação em mudar de ideia. Uma forma de facilitar a conversa poderia ser apontar a liturgia comum de mudança de opinião em que estivemos envolvidos durante toda a nossa vida. (Novamente, o caminho está atrás de nós.)

Tendo crescido no Meio-Oeste americano, minha exposição a frutos do mar se resumia a peixe empanado ou ao McFish que meu pai pedia no McDonald's. (Até hoje, se você for ao McDonald's com meu pai, ele vai pedir o sanduíche de peixe.) Eu não comia frutos do mar regularmente até conhecer John. Era um grupo de alimentos totalmente novo para mim. Aprendi que gostava de salmão e mahi-mahi, mas não de atum e truta.

Eu costumava escrever em segredo, sem querer que ninguém lesse minhas palavras. Agora sou autora e ganho a vida compartilhando as palavras que escrevo. Na infância, ríamos das calças boca de sino e das golas pontudas dos personagens dos seriados dos anos 1970, mas, na faculdade, minhas calças favoritas eram as de pernas e bocas largas, um estilo que adoro até hoje. No ensino fundamental, eu era a mais quieta da classe, mas agora ganho a vida falando. Quando eu era criança, revirávamos os olhos para a música country, mas, na faculdade, eu ouvia várias canções do gênero no *repeat*. Achava que meu amor por idiomas e minha inclinação para traduzir sempre me levariam à interpretação de linguagem de sinais, mas, ao que parece, também me levaram a encontrar maneiras de reformular a linguagem da fé e da transformação por meio da escrita e da orientação espiritual. Mudei de ideia várias vezes.

Durante toda a nossa vida, mudamos nosso paladar, nossos gostos, nossas preferências e nossas obsessões. Quando nossas papilas gustativas mudam, dizemos que elas "amadureceram". Quando nossa noção de moda muda, dizemos que ela "evoluiu". Mas comida e moda são assuntos de baixo risco. Esses são cômodos dos quais em geral saímos e entramos com um espírito de curiosidade, uma disposição para experimentar algo, sabendo que a porta se abrirá facilmente se quisermos passar por ela outra vez. Mas, nas áreas em que os riscos são maiores, como nossa vocação, política, relacionamentos ou religião, a mudança é mais ameaçadora. Esses cômodos têm móveis mais pesados, vínculos relacionais mais fortes e bolsões mais fundos. Sair deles não requer uma mudança apenas de gosto, mas também de pensamentos e, em alguns casos, de personalidade.

"Que fumaça espessa. Tem certeza de que dá para irmos por aqui?"

É manhã e o céu está azul, mas o sol é apenas uma ideia, escondido por uma espessa fumaça de um tom rosa acinzentado.

"Estou só acompanhando o fluxo do trânsito."

John estica o pescoço para a frente sobre o volante, como fazemos quando achamos que isso nos ajudará a ver o que está mais adiante, uma postura com a qual nos acostumamos no último ano.

É final de janeiro de 2012 e estamos na Flórida para um fim de semana prolongado. O pai dele morreu de câncer de pulmão seis meses antes, e passamos por um período profundo de luto, perguntas e mudanças. Naquele final de semana, estávamos fazendo nossas próprias perguntas sobre o futuro. Fomos para a Flórida para pensar, descansar e planejar. Apresentamos respostas e fomos tão sinceros quanto possível, mas, no fundo, nos questionamos sobre o que viria depois. Essa simples pergunta deixou um eco existencial em nossa alma.

John vira o carro alugado para o engarrafamento enquanto nos aproximamos da fonte da fumaça que se espalha. Consigo vê-la agora, logo após o acostamento. Somos um em uma longa fila de carros que se arrastam para a frente, paralelos à floresta de

PARE! 89

pinheiros que margeia a rodovia. E é aí que vemos que todas as árvores estão pegando fogo.

"Vou abaixar minha janela", digo. Estou hesitante, é contraintuitivo, mas sou obrigada a tirar uma foto com meu celular e não quero que o vidro obscureça a vista. É uma manhã especialmente fria para a Flórida, e espero que o frio encha o carro, mas fico chocada com o calor intenso que atinge meu rosto quando a janela se abre, um calor que instantaneamente dilata meus poros.

Há um paredão de fogo, mas não há nenhum sinal de alarde que indique uma emergência. Especialistas em incêndios alinham-se na rodovia e aguardam enquanto o mato queima. Mais tarde, fico sabendo que é o que eles chamam de queimada prescrita ou controlada. Parece dramático, mas está sob controle — foi tudo planejado e preparado. Esse incêndio tem limites, com bombeiros que o observam, esperam e protegem o início e o fim — um arco narrativo previsível.

As queimadas controladas tem um bom propósito. Podemos aprender sobre queimadas controladas com os povos indígenas, que há milênios praticam essa arte ancestral não só na América do Norte, mas em todo o mundo.[1] Elas restauram a saúde do ecossistema e preparam uma área para a nova vegetação, o que, por sua vez, ajuda a sustentar vários habitats para diferentes espécies. As queimadas controladas também podem reduzir o alastramento excessivo do fogo em uma área para minimizar o risco de, por exemplo, uma pequena fogueira causar um incêndio florestal real. Elas provocam intencionalmente incêndios de baixa intensidade para evitar que um incêndio não intencional saia do controle. Ainda assim, essas queimadas intencionais são quentes.

Nunca estivera tão perto de um fogaréu daquele jeito, em que eu pudesse realmente sentir o calor, mas já tinha visto um incêndio. Cerca de seis meses depois de me mudar para Iowa, no final da década de 1980, a casa do outro lado da rua pegou fogo. Disseram que o incêndio começou na sauna. Lembro-me dessa palavra porque eu não sabia o que significava. Até hoje, quando ouço a palavra "sauna", penso no incêndio daquela casa em nossa rua tranquila de Iowa durante o inverno em que eu estava na quinta série. Imagino o pai da família, cujo nome eu não sabia, sentado de toalha branca em uma sala forrada de madeira, com o calor saindo das paredes. Penso nele saindo da sauna e indo para a cama, mas esquecendo-se de desligar os botões, se é que é assim que as saunas funcionam. Então a sauna ficou ligada e, de alguma forma, começou um incêndio e tudo mudou para eles. Lembro de acordar no meio da noite com o som de vidros quebrando, olhar pela janela do quarto dos meus pais e ver a rua inteira piscando em vermelho por causa das luzes dos carros de bombeiros e das ambulâncias. Principalmente, lembro do cheiro, nosso mais potente criador de memórias, e é disso que me lembro. Se você já teve um incêndio em casa ou esteve perto de um, sabe do que estou falando.

Esse não é o cheiro familiar e nostálgico de uma fogueira festiva ou a fumaça suave de uma vela. O que queimou naquela casa não foi apenas madeira ou cera. O que queimou foram bancadas, cobertores, sofás, metal, plástico, fotos e lembranças. O cheiro rançoso e queimado da perda permaneceu em nossa rua por meses.

Ninguém se feriu naquele incêndio, o que torna essa história mais fácil de ser contada. Alguns membros da família conseguiram sair por várias janelas, mas o boato na vizinhança era de que pelo menos uma pessoa saiu pela porta da frente e a abriu totalmente, convidando todo aquele oxigênio limpo a entrar, alimentando o fogo com um banquete. O que trouxe a liberdade para os que estavam dentro da casa fez com que o lugar inteiro explodisse ainda mais rápido.

A lembrança daquela noite perdura há décadas. Eu digo que o lugar queimou, mas essa não é uma imagem precisa do que aconteceu. Ele não queimou até o chão; queimou *de dentro para fora*.

No dia e nos meses seguintes, embora aquela casa de Iowa estivesse arruinada, a estrutura continuou de pé, com persianas emoldurando janelas sem vida, um telhado intacto. Era apenas uma construção, um quintal abandonado com grama crescida. Estava vazia, mas, se você não olhasse bem de perto, parecia normal. Parecia presente, mas também ausente. À noite, quando eu olhava para o nosso gramado e tentava espiar a escuridão, a casa se misturava às sombras pesadas entre as casas vizinhas. Se eu não soubesse que ela estava lá, não me daria conta de sua existêcia. Às vezes, o fogo queima o interior, mas deixa o exterior intacto.

Mudar de ideia pode ser como estar em uma casa em chamas e finalmente abrir a porta da frente, escapando para o ar fresco. E é um grande alívio, até você perceber que a mesma coisa que o salvou fez com que o cômodo que você deixou ficasse em chamas. O fato de algo queimar não significa que você fez a coisa errada ao abrir a porta. Ao mesmo tempo, nem todos os incêndios começam da mesma forma, e só porque você sente a chama não significa que algo deu terrivelmente errado ou mesmo que você está em perigo.

O fogo é sempre quente, e as chamas não respeitam nossa intenção; elas apenas definem o caminho para queimar. É perigoso se você for pego de surpresa, se não souber o que está fazendo ou se não tiver uma saída. Um incêndio acidental tem grande potencial de trauma e dor duradoura. E se mudar de ideia pudesse ser menos como um incêndio doméstico e mais como uma queimada programada: curativa e esperada?

Quando se trata de ideologias e ideais de longa data, a escritora Sharon McMahon diz: "Qualquer um que mude de ideia com base em informações novas e melhores é criticado e denunciado. Portanto, isso desincentiva as pessoas a usarem o pensamento crítico quando, na realidade, o mais ético é mudar de opinião com base em informações novas e melhores".[2] Quando estamos identificando os cômodos onde vivemos, trabalhamos e adoramos, e começamos a discernir que alguns deles ainda são para nós e outros talvez não sejam mais, os riscos são altos. Ainda mais quando um lugar não é mais para nós em razão de quem ele deixou de fora, expulsou ou excluiu. Podemos ficar na defensiva contra qualquer informação nova ou melhor. Podemos temer o que a consideração dessas novas informações exigirá de nós. Isso é algo que pode nos manter em cômodos muito além do tempo.

No outono de 2015, na época em que nossa igreja ainda se reunia no santuário do armazém, a notícia que circulava em nossa pequena comunidade era de que uma velha amiga viria à cidade para nos visitar e iria trazer a namorada. Ela era ex-aluna de John, uma pessoa que vimos crescer durante a adolescência e a faculdade, uma babá querida de nossos filhos cuja foto ainda tínhamos colada no quadro de avisos do corredor. Perdemos contato quando ela se mudou. Eu não sabia que ela era homossexual. Estava curiosa para vê-la novamente, ansiosa para conversar se nossos caminhos se cruzassem. Isso aconteceu mais cedo do que eu esperava, quando ela e a namorada decidiram visitar nossa igreja. Naquele momento, fazíamos parte daquela comunidade havia apenas dois anos e havíamos encontrado nosso lugar lá. Fiquei surpresa com a disposição e a abertura delas de se sentar entre nós. Presumiram que seríamos acolhedores, pelo menos. Ou que

PARE! 93

seríamos neutros, acho. Então, elas nos visitaram algumas vezes e eram o único casal abertamente gay em nossa igreja.

Alguns anos antes disso, eu havia lido um livro sobre a conversa em torno de sexualidade e espiritualidade escrito por um autor que queria desesperadamente construir pontes entre seus amigos gays e a fé cristã que ele professava. Naquela época, eu não tinha intimidade com nenhum membro da comunidade LGBTQIA+, pelo menos nenhum que eu conhecesse. Mas tinha muitas dúvidas e angústias sobre o assunto. Sabia o que me haviam dito durante toda a minha vida em igrejas evangélicas específicas. Estava familiarizada com sua interpretação dos versículos da Bíblia que pareciam falar sobre homossexualidade. Mas minhas perguntas eram profundas e amplas, como uma fonte que flui. A maioria das coisas se encaixava em minha fé na época, e as que não se encaixavam eu sentia paz para ignorar (pelo menos era o que dizia a mim mesma). Essa era uma das coisas que não se encaixavam. Havia dentro de mim um desconforto crescente, e eu não sentia paz em ignorá-lo.

Lembro-me exatamente de duas coisas desse livro. Primeiro, eu estava muito concentrada em uma única pergunta: queria saber a "posição" do autor. Fiquei obcecada em tentar descobrir isso. Esse não era o objetivo do livro, como se vê. Em segundo lugar, lembro que, depois de lê-lo, fiquei à vontade com minhas perguntas, embora não tivesse respostas. Eu me contentava em amar as pessoas sem ter de defender ou explicar quem elas amavam em troca. Não estou dizendo que era um bom lugar para estar ou um ponto adequado para parar. Mas me convenci de que era o bastante por enquanto. Temos a tendência de adorar o especialista, o que sabe as respostas, o que explica as coisas. Não gostamos de aprender ou de fazer perguntas. Também não gostamos de estar errados.

Isso foi em 2013. Dois anos depois, tudo correu bem no início quando nossas amigas visitaram nossa igreja. E, por "bem", quero dizer que não houve confrontos nem sermões sobre homossexualidade. Era uma igreja cheia de pessoas que amavam a Deus da forma como entendiam Deus, que eram criativas, cheias de imaginação e atenciosas. Era uma igreja à qual chegamos pela primeira vez um ano após nossa viagem à Flórida, onde vimos o incêndio controlado, exaustos após doze anos de ministério. Era a igreja que se tornou para nós, por um tempo, um lugar de cura, um lugar de comunidade, um lugar de alegria compartilhada, pão compartido e criatividade despertada. Era a igreja onde nossos filhos passariam a maior parte de seus anos de ensino fundamental e médio, um lugar que amávamos e que chamávamos de lar.

Tudo isso era a mais completa verdade. O que também era a mais completa verdade é que eu estava preventivamente ansiosa e envergonhada pelo que eu sabia que acabaria acontecendo com esse jovem casal lésbico se elas permanecessem por muito tempo.

Quase imediatamente após saber que o casal estava planejando visitar nossa igreja, vivenciei algo tão regular, claro e normal que hesito em chamá-lo de experiência. Era mais como um pensamento, um pensamento *meu*, mas eu sabia que não vinha de mim. Se alguma vez tive certeza de alguma coisa, foi disto: o Espírito do Deus vivo e amoroso me disse diretamente para fazer pouquíssimas coisas em minha vida. Mas uma coisa que Deus me disse, da qual tenho tanta clareza quanto de meu próprio nome, foi: "Quando elas saírem no meio do culto, vá atrás". Eu nem estava na igreja quando tive esse pensamento. Não havia acontecido nada, não tinha ninguém por perto. Mas não foi uma sugestão ou uma ideia. Era uma ação que eu deveria tomar, acontecesse o que acontecesse. Era minha única certeza.

Há algumas coisas que são apenas um bom conselho. Mantenha o tanque de combustível do seu carro um quarto cheio para diminuir suas chances de ficar sem gasolina. Use protetor solar para não sofrer queimaduras. Não coloque a mão em um forno quente. Essas medidas são de senso comum, mas também preventivas. "Faça essas coisas para evitar algo ruim." Mas e se algo ruim acontecer? Quando você ficar sem gasolina, ligue para o serviço de assistência. Quando tiver uma queimadura de sol, use aloe vera. Quando se queimar no fogão, vá para a emergência, dependendo da gravidade da queimadura. "Quando isso acontecer, tome essa atitude." Foi o que essa declaração representou para mim. Era uma coisa certa, não só algo a ser feito pelo sim, pelo não.

Eu estava nervosa, porque parecia o tipo de pensamento que era uma preparação para algo inevitável, em vez de uma ação opcional se o dia chegasse. Semanas se passaram. Talvez meses? Não tenho certeza. E, então, chegou o dia.

É de manhã e estamos na igreja. John está dando aulas para as crianças no andar de baixo, então estou sentada sozinha perto da última fileira de cadeiras. Ela e a companheira chegam e se sentam ao meu lado, com outra amiga em comum do outro lado. O homem que está pregando hoje não é um dos pastores, mas um professor convidado que rege os cultos de vez em quando. É uma voz respeitada na igreja e ocupa uma posição privilegiada em nossa comunidade. Perto do final do sermão, sinto o corpo dela enrijecer ao meu lado quando ele casualmente aponta o "pecado da homossexualidade" enquanto fala sobre a relevância das escrituras, empunhando a Bíblia como um instrumento contundente. Nesse momento, percebo que a conversa sempre começará e terminará assim. O *pecado* sempre terá a primeira e a última palavra quando se tratar da comunidade LGBTQIA+ nesta igreja. Não Jesus, não a dignidade, não a compaixão, a curiosidade ou a esperança. Ouço aquilo pelos ouvidos dela, o tom desdenhoso e de exclusão da diferença. Suas palavras parecem ser recebidas pela congregação como algo normal, nada de mais, a que horas é o almoço? Mas para essa amiga, as palavras fazem com que ela e sua companheira saiam de nosso santuário para sempre.

Com que rapidez ela recolhe suas coisas, pega seus óculos escuros, inclina-se para pegar a bolsa. Como as duas são educadas por esperar até uma transição natural no culto antes de se levantarem. Como seus passos são silenciosos no caminho para a porta. Na frente do santuário, são colocados os elementos para a comunhão. Na parte de trás, essas duas jovens deixam a igreja sem dizer uma palavra.

É a cena que imaginei em minha mente centenas de vezes antes, ensaiada em minha imaginação.

Elas estão saindo.

A mão está no fogão.

Agora.

Vá.

Quando chego ao estacionamento, elas estão se afastando rapidamente. Chamo o nome da minha amiga, e as duas se viram. E é aqui que percebo meu primeiro erro. Porque, durante todo esse tempo, eu soube exatamente o que fazer: "Quando elas saírem, você vai atrás". E aqui estava, como um futuro que eu já tinha vivido, como uma profecia que se tornou realidade. Eu estava vivendo e fazendo isso. Mas nunca me preocupei em pensar, perguntar, considerar o que eu diria. Então, quando chego lá,

PARE! 97

diante delas, e vejo a dor estampada em seus rostos, não sei como agir ou o que fazer em seguida. Não tenho nada a dizer. Não sei o que penso; não resolvi a teologia; não tenho minhas perguntas respondidas.

Só sei que algo não está certo. Só sei que algo não tem estado certo há muito tempo. Só sei que não poderia deixá-las sair daquele cômodo sem ir atrás. Sem ter o que dizer, abraço minha amiga, e ela permite. Murmuro um fraco pedido de desculpas sem ainda saber o motivo. Choro um pouco e ela chora mais. Ela está com raiva e eu também, mas não sei como demonstrar isso, ainda não. Sua companheira está em silêncio, à minha esquerda, com uma paciência palpável, como se soubesse de algo que eu não sei, como se tivesse compaixão por algo que não consigo ver. Abraço as duas, gostaria de poder fazer mais, mas minha imaginação mal equipada não tem espaço para pensar no que poderia ser.

Anos depois, contarei esse momento a uma terapeuta e ela perguntará: "O que você vê nesse momento? O que surge quando você volta a esse momento em sua mente?". No momento da pergunta, só o que vejo é um mistério sombrio e desconhecido. Sinto-me desolada e triste. Sinto que estou esquecendo algo, como se tivesse amnésia reversa de uma vida que ainda não vivi.

Nós nos separamos no estacionamento depois de eu não dizer nada importante, minha presença inadequada pairando nas portas da igreja. E então chega esse momento que questionarei por muitos anos. Eu queria amá-las e mostrar para elas que as amava. Estava me esforçando para conciliar a teologia que eu achava que conhecia com os seres humanos à minha frente. Não estava batendo, mas eu não tinha a linguagem nem a coragem para expressar isso em palavras. Enquanto elas caminhavam para o carro, eu me virei e entrei novamente no santuário. E ficarei nessa igreja por mais cinco anos. Até chegar o dia em que eu não consiga mais permanecer.

Quando elas saíram pela porta da minha igreja, meu amigo Jesus me disse para ir atrás. Era claro como a luz do dia. Não era uma opção ignorar aquele convite. E, assim, eu fui. Sou grata pelo menos por esse movimento. Segui-las foi algo bom, no mínimo. Havia muito mais. Nossa igreja ainda era um lugar que amávamos e com o qual estávamos comprometidos. Mas naquele dia, no estacionamento, recebi informações novas e melhores, informações humanas, do tipo que só se consegue obter por meio da proximidade. Mas eu não sabia o que fazer com elas. Ou sabia, mas não queria. Saí do cômodo por um minuto, mas o corredor em que me encontrava estava cheio de muitas perguntas e poucas respostas. Então, escolhi o que parecia ser certo em vez do que eu previa ser uma queda livre de curiosidade, desconexão e perda.

Às vezes, mudamos de ideia em um instante e, outras vezes, levamos anos e anos para dar meia-volta, para ver o que estamos perdendo. Quando parei naquele estacionamento, minha postura já estava em um caminho de suavização, mas a mudança foi lenta. Levei muito tempo para ter empatia com a mágoa e a dor que os cristãos infligiram, para entender meu papel nessa mágoa devido à minha falta de disposição para dialogar, para dar uma segunda e terceira olhada, para ouvir, aprender e prestar atenção. Levei muito tempo para reconhecer que esse grupo de seres humanos que pode se sentir inseguro no mundo diariamente, sempre atento ao seu entorno para avaliar se pertence a ele, deveria, no mínimo, ser capaz de baixar a guarda dentro das paredes de uma igreja, deveria se sentir mais seguro entre aqueles que conhecem e amam a Deus. Mas não era assim.

Apesar disso, aquele momento no estacionamento fez um trabalho importante dentro de mim. Ele fez com que eu não conseguisse mais ignorar a questão. Eu não podia mais evitar o conflito apenas para manter a paz que, na verdade, não era paz nenhuma. Porque agora eu estava me aproximando. Agora não se tratava de uma questão distante a ser considerada ou de um problema impessoal a ser resolvido; tratava-se de pessoas que eu respeitava e das quais gostava. Quando se trata de mudar de opinião, a proximidade é uma companhia muito convincente: a proximidade com as pessoas, com a dor delas e com o Deus que ama a todos nós.

Nem sempre sabemos no meio de que tipo de incêndio estamos. O mato da floresta próxima à rodovia na Flórida queimou todo, abrindo caminho para um novo crescimento, deixando as árvores altas e fortes. A casa do outro lado da rua queimou por dentro, chocando os habitantes, levando tudo de bom que havia dentro dela, deixando uma estrutura vazia e sem vida. Naquele dia, no estacionamento, uma chama de convicção continuou a queimar, pequena, mas forte. Inicialmente, pode não estar claro que tipo de fogo está queimando em determinado cômodo. Só sabemos que sentimos o calor das chamas acesas. Todos esses são incêndios reais: um foi curativo; o outro, trágico; e o terceiro, uma combinação dessas duas coisas. Nem sempre sabemos que tipo de fogo temos, mas, para que a beleza surja das cinzas, algo precisa queimar.

Há uma palavra que as pessoas usam nos círculos de fé, outra maneira de dar linguagem à liturgia comum de mudar de opinião. A palavra é "contrição". Brian McLaren ressalta que essa palavra significa "repensar, ficar pensativo novamente. A vida é um processo de repensar que dura a vida inteira".[3] Eu acrescentaria que a vida é um processo de repensar, ressentir, reexperimentar, redecidir, remudar, reacreditar, rever e renovar que dura a vida inteira. E talvez até mesmo reenvelhecer — encontrar novas maneiras de expressar e reconciliar coisas antigas. "Contrição" é uma palavra que pode evocar todos os tipos de imagens, dependendo do contexto de sua fé (ou falta de fé). Na teologia cristã, "contrição" vem da transliteração grega *metanoia* e significa tanto mudar de ideia quanto experimentar uma mudança transformadora do coração. Não se trata apenas de uma mudança cognitiva. Implica um afastamento, mas também um retorno. Não é bom praticar a mudança apenas por praticá-la. Mas, quando fazemos a próxima coisa certa, quando continuamos a prestar atenção no amor, quando nos voltamos, repetidamente, para Deus, o resultado costuma ser uma mudança. E não precisamos ter tanto medo disso.

É um trabalho profundo e difícil, e é fácil não o fazer. Os sistemas são fortes e dificultam ainda mais a realização dos tipos de pensamento crítico e discernimento espiritual que a verdadeira mudança de opinião geralmente exige. Há uma dor singular quando percebemos que é hora de abandonar um grupo, uma ideia, uma crença ou uma vocação que antes era boa para nós, ou pelo menos parecia. Talvez uma decisão tenha sido difícil e você tenha orado, discutido e discernido que era a "próxima coisa certa", mas, devido ao tempo, ao crescimento, às circunstâncias ou a novas informações, você perceba que é hora de fazer uma mudança. O que fazer quando o que antes era a próxima coisa certa não é mais para você? Você ouviu mal? Sua intuição estava errada? Ou será que é algo mais simples e menos ameaçador do que isso? Precisamos adotar a mudança de opinião como uma liturgia comum.

Hoje você pode estar andando por aí vazio. E, se ninguém olhar muito de perto, você talvez pareça bem, como a casa do meu bairro que queimou apenas por dentro. Mas a verdade é que um incêndio varreu sua vida e você ainda está tentando descobrir se ele resultou em perda total ou se há algo que possa ser recuperado. Ainda está tentando descobrir se esse incêndio foi um acidente ou se foi uma queimada controlada.

Se você sentir um convite para mudar de rumo, para ser o aprendiz, o estudante ou o estagiário em qualquer área de sua vida, talvez seja um bom momento para apontar e falar. Talvez você sinta que está entrando em um cômodo escuro sem um mapa, mas talvez não precise disso. Talvez você precise apenas de alguns pontos de orientação e de um guia. O caminho está atrás de você, portanto, lembre-se dos pontos de orientação, reorientando-se para sua personalidade espiritual e valores pessoais essenciais. E lembre-se de seu guia; o presente de Deus para o povo de Deus é a companhia Dele, que não nos deixou sozinhos.

Exploramos os elementos universalmente apreciados de uma boa história que resultarão em um final satisfatório, e um deles é a transformação.

Quando Jerry Seinfeld decidiu encerrar sua série de TV em 1998, no auge de sua popularidade, o último episódio recebeu um péssimo feedback na época. O USA *Today* lhe deu uma estrela e meia de um total de quatro, referindo-se a ele como os "momentos sombrios e agonizantes de *Seinfeld*".

O crítico disse ainda:

> Eu adorava *Seinfeld* no início, mas, com o passar dos anos, sua infame regra de "sem abraços, sem lições" se desgastou. Sim, ela fez com que o programa evitasse o sentimentalismo fácil de outras sitcoms, em que as pessoas tinham uma epifania toda semana. Mas sua recusa em fazer com que seus

personagens aprendam e cresçam é igualmente artificial. Na vida real, nossos amigos mudam.[4]

Jerry, George, Kramer e Elaine eram engraçados de assistir. Eles diziam coisas que não se podia dizer em voz alta, coisas humanas e ridículas. Mas não eram necessariamente pessoas completas, e nunca deveriam ser. Eram críticos, mesquinhos, julgadores, hipócritas e sem empatia. Nós também somos todas essas coisas, mas não somos apenas isso. E a parte que o crítico percebeu é que essas pessoas nunca se transformaram. Do começo ao fim, elas não mudaram. Embora possa parecer um elogio numa dedicatória em um anuário de ensino médio, e até funcione por um tempo em um seriado, é aterrorizante pensar em permanecer igual para sempre. Geralmente, isso não contribui para uma história interessante e não é material de uma vida interessante.

Quando você estiver começando a mudar de ideia sobre um script ou um cômodo, algumas perguntas podem ser úteis: que tipo de incêndio é esse, afinal? Deus, sempre especialista, está presente, testemunhando o refinamento, abrindo espaço para um crescimento novo e bom nessa queimada planejada e controlada? Ou esse é um fogo que pegou Deus de surpresa? É um incêndio de destruição, que leva tanto os resíduos quanto o bem-estar? Às vezes, nossas perguntas não refletem fatos, razão, lógica ou boa teologia. Às vezes, elas revelam nossa falta de fé, nosso medo ou nossa confusão. Faça-as mesmo assim. Deus tem o que é preciso para resolvê-las.

Se você sentir uma agitação, um sussurro, um descontentamento dentro de si que não faz sentido, mas que também parece certo, preste atenção. Às vezes, quando você muda de ideia, o crescimento é pequeno e a queima é lenta. Pode ser uma mudança que você tenha que cavar e enterrar para manter segura

PARE! 103

enquanto o crescimento cria raízes. Outras vezes, é uma mudança que você gostaria de compartilhar, mas não pode por causa de contratos, acordos de confidencialidade, promessas feitas ou segredos a serem mantidos. Sua capacidade de entendê-la pode ser limitada e sua liberdade para compartilhá-la também. Mas ser alguém que entra na liturgia comum da mudança é ser alguém que está crescendo. Eu mexi com a linguagem e experimentei algumas frases. "Crescer" não me parece muito correto porque nem todo crescimento é "para cima". Algumas coisas crescem para baixo, como as raízes de uma árvore, a água corrente de um rio, a expressão da divindade por meio do menino Jesus. "Crescendo para longe de algo"? Isso implica uma fuga ou um distanciamento. E às vezes é isso, mas nem sempre. "Crescer para fora de algo"? Isso implica que eu era uma coisa, mas agora sou outra completamente diferente. Eu me conformei (de forma imperfeita) com "crescer para dentro". Estamos sempre crescendo em nós mesmos, crescendo em nossa identidade, crescendo em Deus.

Há alguma área em sua vida em que você esteja se segurando? Sua mandíbula fica travada com a possibilidade de mudança?

Seu estômago revira quando você imagina a quantidade de trabalho intenso que será necessário para começar a se mover em uma direção diferente daquela que lhe foi dada, que lhe foi ensinada ou que você trabalhou tão arduamente para conseguir, apenas para descobrir que não era o que você pensava que seria? Você não é mais quem era antes?

Você não precisa fazer todas as mudanças agora. Primeiro, aponte e fale. Identifique os cômodos em que você está e as maneiras pelas quais eles talvez não se encaixem mais. Observe os sinais de alerta e considere se estão simplesmente amarelos ou se estão ficando vermelhos. Diga quais são os espaços do cômodo pelos quais você se sente atraído e os cantos que prefere evitar.

Diga o que acontece em seu corpo quando você pensa em fazer uma mudança e quando pensa em permanecer no mesmo lugar. Em seguida, lembre-se de seu caminho. Lembre-se das maneiras pelas quais você se conecta com Deus e como essa conexão é vivida por meio de seus valores pessoais essenciais. Ao considerar as áreas da sua vida que está sendo convidado a reconsiderar, reavaliar ou dar uma segunda olhada, aqui estão algumas perguntas para levar consigo ao longo do caminho:

"O que vale a pena proteger?"

"O que preciso desaprender?"

"Quem já saiu desse cômodo?"

"Quem está entrando agora?"

"No que estou me transformando?"

"Onde estou praticando regularmente uma liturgia de mudança?"

"Onde estou hesitando em aceitar o trabalho que a mudança exige?"

Praticar a mudança de ideia como uma liturgia na vida cotidiana faz com que, quando surgirem as grandes decisões que exijam uma mudança de opiniões ou sentimentos em larga escala, já tenhamos alguma memória para permitir que um trabalho profundo e transformador aconteça dentro de nós.

PARTE 2
SOBRE PAUSAR:
DISCERNIMENTO NO CAMINHO

PASSAMOS UM TEMPO EXAMINANDO os cômodos de nossa vida e os scripts que os acompanham, nomeando os que questionamos ou os que nos questionam. Entramos em uma prática de apontar e falar, reconhecendo o que é verdadeiro sem julgamentos ou comentários. Admitimos que, às vezes, o que nos impede de sair ou de fazer uma mudança é uma narrativa negativa profundamente arraigada, ligada à desistência ou ao término de algo que começamos. Também estamos aprendendo a fazer as pazes com a mudança de opinião.

Estamos respirando fundo e praticando a paciência; estamos aprendendo a saber o que queremos e a considerar que isso é bom; estamos nos reconectando com Deus de uma forma que ressoa nossa própria personalidade. Estamos nomeando o que é importante para nós na forma de nossos valores pessoais essenciais. E todas essas ferramentas serão trazidas para o nosso corredor metafórico para nos ajudar a discernir o que fazer em seguida. Faremos isso juntos. Vamos com calma.

"Será que é hora de fazer uma mudança ou uma alteração?"

"Será que é hora de me estabelecer onde estou?"

"Meu tempo nesse cômodo está chegando ao fim, seja por escolha ou por força maior?"

Para o propósito de continuarmos nossa conversa, o caminho será representado como um "corredor". Um corredor é um local de permissão. É um espaço onde você tem permissão, até mesmo obrigação, de fazer suas perguntas, talvez os tipos de perguntas que seus cômodos não permitiram. É um espaço para experimentar possibilidades e reimaginar o que poderia ser.

O corredor pode ser o espaço entre dois cômodos, o lugar onde você entra depois de já ter decidido sair. Mas também pode ser uma pausa, um espaço em que você entra apenas por um tempo, para espairecer, pensar um pouco, pesar suas opções, lembrar-se de quem você é. Quando seu tempo no corredor acabar, você poderá entrar de novo no cômodo de que acabou de sair e descobrir que é exatamente o lugar certo para você. Ou, pelo menos, o lugar certo para você por enquanto. Ou o tempo no corredor pode ser exatamente o que você precisa para ter perspectiva e clareza sobre um final inevitável.

O corredor não é apenas uma sala de espera, embora possa ser isso também. É uma sala de espera, uma ponte e uma respiração profunda. Às vezes, é um deserto. Outras vezes, uma pausa. A meta não é necessariamente sair de cada corredor em que nos encontramos, achar todos os cômodos certos, fechar e trancar as portas, pintar as paredes com as cores que nos agradam e nos sentarmos para sempre.

Podemos ficar em certos corredores por décadas. Às vezes, o corredor é o melhor que podemos fazer. Outras vezes, o corredor se torna um cômodo só nosso. E nós nos reunimos com os desajustados, os incertos e todos aqueles que estão saindo dos cômodos, mas ainda não sabem para onde ir.

Portanto, embora um corredor possa ser adequado por um tempo, o que não quero é ficar no corredor quando sei que é hora de entrar em um cômodo. O que não quero é ficar em um cômodo para evitar um corredor. O que não quero é me demorar muito em um dos lados da porta, com medo.

Esse corredor pode ser o que você precisa que ele seja. Se você está profundamente apegado e atraído por um cômodo, mas precisa de um espaço para repensá-lo, aqui você descobrirá algumas boas perguntas a fazer, movimentos importantes a considerar e uma nova linguagem para conceitos antigos que podem o estar prendendo. Teremos quatro conversas neste corredor: a importância de nomear as setas que vêm antes das respostas, a diferença entre paz e evitação, a distinção entre prontidão e oportunidade, e a falta de desfecho na maioria de nossos finais. É aqui que exploraremos vários movimentos que cultivarão o discernimento que leva à clareza. Ao final desta seção, espero que essas práticas de discernimento o ajudem a navegar por um cômodo do qual você já saiu, a saber se é necessária uma mudança e que tipo de mudança é ou a discernir se o cômodo onde você está é um bom lugar para ficar.

Bem-vindo ao corredor.

6. SETAS E RESPOSTAS

*Aprendemos pela dor que algumas das coisas que
achávamos ser castelos acabam sendo prisões,
e desesperadamente queremos sair, mas, apesar de
as termos construído, não conseguimos achar a porta.
Mas talvez, se você pedir ajuda a Deus para saber
em que direção se virar, terá um momento de intuição.
Talvez você veja pelo menos que passo dar.*
ANNE LAMOTT, *Help, Thanks, Wow*

DEVO FICAR OU DEVO IR? Depois de quase seis anos apresentando um podcast sobre tomada de decisões e de escrever um livro sobre o mesmo assunto, já participei de inúmeras conversas que giraram em torno dessa questão central.

De acordo com a minha experiência, essa pode ser a pergunta certa. Mas também é difícil fazê-la. Primeiro, ela implica algo binário, como se houvesse apenas duas opções. Quase nunca é assim. Em segundo lugar, ela dá a impressão de que se trata de uma decisão única: ficar ou ir embora, isso ou aquilo, sim ou não, para sempre. Na realidade, a maioria de nossas decisões vem lentamente, é uma série de decisões de ficar hoje e novamente amanhã. Não de uma vez por todas, mas uma vez agora e duas vezes depois. A tentação é sempre tomar o caminho mais eficiente e de menor resistência. Assim, procuramos respostas definitivas para algumas das perguntas mais urgentes de nossa vida. Mas, em vez disso, o que obtemos são setas silenciosas, sutis e ocultas, apontando para a próxima coisa certa — nem mais nem menos. Esse conceito de setas e respostas, apresentado pela primeira vez em meu livro *The Next Right Thing*, continua a suscitar perguntas e conversas entre leitores e ouvintes.

Uma resposta é o que percebemos ou escolhemos no momento da decisão. É o que achamos que queremos, o que fomos condicionados a procurar. Sabemos como definir uma decisão; é óbvio quando tomamos uma e igualmente óbvio quando procrastinamos ou adiamos. Na melhor das hipóteses, manter uma decisão por muito tempo sem movimento pode ser embaraçoso e, na pior, perigoso. Nós nos imaginamos tomando uma decisão única e clara, sendo líderes admiráveis sem vieses ou emoções, perguntas ou arrependimentos. Em vez de uma resposta, o que geralmente obtemos é uma noite em claro, um raciocínio circular, um cenário exagerado e uma cabeça cheia de dúvidas. No fim, tomaremos uma decisão. Ou não a tomaremos e isso se tornará uma decisão por si só. A decisão não pode ser evitada. Mas o que *pode* ser evitado é aquilo de que mais precisamos, mas não nos é ensinado naturalmente: discernimento. Esse é o processo vital que precede uma decisão.

É claro que a tomada de decisão e o discernimento estão conectados, mas é possível apressar ou ignorar o processo de escolha para chegar ao alívio de uma decisão final. Quando fazemos isso, perdemos as oportunidades de formação para conhecer Deus, conhecer a nós mesmos e confiar na nossa comunidade. O processo de escolha se torna profundamente ineficiente. Ele exige tempo, autoconsciência, paciência e nuances. Uma decisão é muito mais atraente. Ela é clara, ativa e final (pelo menos dá essa impressão). Prefiro muito mais ter uma decisão a tomar do que um movimento a discernir. Mas quando se trata de influenciar mudanças internas ou deixar espaços significativos e formadores de identidade, raramente somos confrontados com uma decisão simples e binária.

Em uma conversa com a coach e professora de eneagrama Suzanne Stabile sobre sua própria experiência de crescimento em discernimento e autoconsciência, ela compartilhou como se conscientizou de sua própria tendência a se precipitar e oferecer ajuda a todos ao seu redor, quer estivessem pedindo ou não. Agora, antes de se oferecer para ajudar alguém, ela se faz três perguntas:

1) O que estou esperando em troca? (Revela sua motivação.)

2) Essa pessoa quer minha ajuda? (Abre sua consciência para a experiência de vida dos outros.)

3) O que devo fazer? (Lembra-a da tarefa, da vocação, do chamado.)

Sua ação final é a resposta ou a decisão: ajudar ou não ajudar. Mas as três perguntas que antecedem a ação são setas, parte do processo de discernimento que permite que ela chegue à decisão.[1] Minha esperança para o trabalho que estamos fazendo aqui juntos é construir uma base para o seu processo de discernimento contínuo à medida que você se move para o ritmo saudável e humano de deixar alguns espaços e encontrar outros, vivendo o seu caminho até a próxima coisa certa. Ao fim de nosso tempo juntos, você poderá ou não ter tomado uma decisão final sobre ficar ou seguir em frente. Mas minha esperança sincera é que você tenha pelo menos identificado algumas setas para seguir ao longo do caminho.

Quando se trata da palavra e do conceito de "discernimento", várias ideias e pessoas importantes podem vir à mente. Embora seja usado com frequência em ambientes religiosos, o processo de discernimento é útil de forma mais ampla para o crescimento pessoal, para decisões de negócios, para questões de relacionamentos e muito mais. Voltaremos ao uso amplo, pois é nele que quero passar a maior parte do nosso tempo. Mas acho que será útil começar com a forma como as pessoas talvez tenham se deparado pela primeira vez com o conceito: em espaços baseados na fé.

Nos círculos religiosos, "discernimento" é frequentemente a palavra usada quando se fala em tomar decisões na presença de Deus e determinar para onde o Espírito de Deus está se movendo. Uma abordagem mais formal do discernimento é derivada das regras estabelecidas nos Exercícios Espirituais de Santo Inácio de Loyola, teólogo e místico espanhol, fundador da Companhia de Jesus (jesuítas) e de quem a espiritualidade inaciana recebe seu nome. Os Exercícios Espirituais são um conjunto de meditações, orações e práticas que ele desenvolveu para ajudar as pessoas a aprofundar sua vida com Deus. A espiritualidade inaciana também reconhece a necessidade de acompanhamento no processo de discernimento, seja uma orientação para uma decisão específica da vida ou um companheiro para ajudar a discernir a presença e o movimento de Deus em sua vida. Esse tipo de acompanhamento também pode ser chamado de "direção espiritual", uma prática que tem sido transformadora em minha própria vida, como alguém que recebeu direção espiritual e também por servir como companheira, ou diretora espiritual, para outras pessoas. O trabalho de um diretor espiritual é criar um espaço de oração em favor de outra pessoa. É uma prática contracultural de ouvir em conjunto destinada a qualquer um que queira aprofundar sua consciência e seu relacionamento com Deus. Ela dá espaço para a curiosidade, a descoberta e o silêncio. Na direção espiritual, enquanto uma pessoa ouve a outra sem segundas intenções, ambas se submetem ao movimento de Deus.

Uma abordagem comunitária para o discernimento e a tomada de decisões vem da Sociedade Religiosa dos Amigos (a tradição quaker), chamada de comitê de clareza. Em vez de um acompanhamento individual, um comitê de clareza consiste em um pequeno grupo de pessoas que se reúnem para ajudar alguém a discernir como o Espírito pode estar agindo em sua vida. O propósito tradicional de um comitê de clareza era discernir a adequação do casamento sob os cuidados de uma reunião de amigos ou a adequação para ser membro de uma dessas assembleias.[2] Mas os não quakers também se beneficiam de um comitê de clareza, e algumas outras pessoas ligadas a eles participam dessa estrutura de pequenos grupos para discernimento pessoal. Esse processo não pode ser apressado, e os amigos aguardarão pacientemente em silêncio, com orações e perguntas em nome de quem está buscando o discernimento e a direção de Deus.

Há muitos livros maravilhosos sobre discernimento a partir de pontos de vista específicos. Eu peguei conceitos emprestados de muitos deles e os pratiquei em minha própria vida. Mas aqui

PARE! 117

está um livro para você, não importa sua formação religiosa ou realidade atual, não importa a estrutura corporativa de seu local de trabalho, não importam as hierarquias ou autoridades de seu sistema familiar. Em vez de envolver o processo de discernimento em torno de uma modalidade específica, estou intencionalmente mantendo as coisas amplas, trabalhando para manter a linguagem acessível e encontrando ferramentas simples emprestadas de muitas correntes de sabedoria que podem ser aplicadas a muitos tipos diferentes de decisões que você esteja tomando.

O discernimento é tanto um dom quanto uma prática. Para alguns, ele é um traço de caráter ao qual são naturalmente propensos, tendo um instinto ou uma intuição aguçada sobre as coisas, donos de um julgamento extraordinário. Assim como aqueles que têm o dom de ensinar ou pintar, um discernimento aguçado pode ser uma maneira natural de ver o mundo e se relacionar com ele. Mas é algo que você também pode cultivar e aprimorar. Isso não significa que as decisões sejam necessariamente mais fáceis para você; significa apenas que você está naturalmente sintonizado com informações que outras pessoas talvez não percebam ou reconheçam. Ainda assim, cada um de nós pode e vai entrar em processos de discernimento ao longo de nossa vida. Mesmo que isso não seja fácil ou natural, podemos praticar a atenção por meio da arte da reflexão, conhecendo e nomeando a realidade atual, tanto o desconforto quanto a gratidão. Com o tempo, nossa capacidade de discernimento aumentará, ajudando-nos a nomear não apenas a diferença entre a claridade e a escuridão ou a bondade e a corrupção, mas também todos os gradientes intermediários. É uma maneira de saber, de ver, de se alinhar com o seu eu mais verdadeiro e com o seu papel de levar a paz de Deus ao mundo. O pensamento binário é menos útil no processo de discernimento, pois implica que há sempre uma escolha, direção ou decisão totalmente certa ou errada. Em vez disso, o processo de discernimento nos ajuda a saber que pode se tratar menos de "certo" ou "errado" e mais de "próximo" ou "distante". Em vez de ficar tão preocupado com uma resposta clara sobre se esse cômodo é certo ou errado para mim, posso fazer perguntas diferentes e seguir as setas para onde elas apontarem.

"Ficar me aproxima ou me afasta de Deus e das pessoas?"

"Sair me deixa mais alinhado com meus valores pessoais essenciais ou mais distante deles?"

"Em que grau? Por quanto tempo?"

"O que está em jogo (para mim e para a comunidade) se eu ficar?"

"O que eu ou a comunidade perderemos se eu for embora?"

Com essas perguntas em mente, quero oferecer os dois últimos movimentos de nosso acrônimo ALMA, que ajudarão a informar seu próprio processo de discernimento. Continuaremos a nos referir a eles durante nosso tempo juntos.

Para fins de revisão: A significa *Apontar e falar*, a prática de nomear nossos cômodos e depois fazer as Dez Perguntas em relação aos locais sobre os quais não temos certeza (ver páginas 41-45). L significa *Lembrar seu caminho*, reconhecendo que o caminho está atrás de nós e que nossas pistas para seguir em frente podem ser encontradas em guias pessoais que já seguimos ao longo da trajetória, como nossa personalidade espiritual e nossos valores pessoais essenciais (ver Capítulo 4).

Os dois últimos movimentos de nossa prática de discernimento ALMA são *Manifestar a presença* e *Aceitar a direção das setas*.

* * *

Manifestar a presença é composto por duas partes. Primeiro, é um convite para perceber e nomear quem está com você em seus cômodos específicos, tanto humanos quanto sagrados. Ao discernir seu caminho e considerar se é hora de deixar um cômodo, em especial um que lhe seja caro, que esteja profundamente enraizado em você ou que faça parte de sua identidade central, é vital saber que você não está sozinho. Esteja na presença divina de Deus, na presença sagrada de um parceiro espiritual, no amor de uma comunidade encontrada e/ou no apoio da família e dos amigos. Mas a presença de outras pessoas não é a única que importa. Também é igualmente importante manifestar e reconhecer *sua própria* presença. Esse processo de discernimento pode ser solitário, e isso vale tanto para quem parte quanto para quem fica. Você também conta como companhia. E isso pode parecer contraintuitivo ou até mesmo estranho de se imaginar, mas você pode ser seu próprio amigo. Na verdade, *deve* ser.

Nas próximas páginas, exploraremos quatro maneiras de manifestar a presença: oração reflexiva e metáforas de ancoragem (encontradas mais adiante neste capítulo), bem como mantras de duas palavras e orações de respiração (discutidas no Capítulo 8). Para aqueles que querem apenas criar uma lista de prós e contras e já tomar uma decisão, pedir que se evoque uma metáfora de ancoragem pode parecer profundamente desconfortável, na melhor das hipóteses, e incrivelmente ridículo, na pior. Mas o discernimento é uma prática que envolve todo o nosso ser, inclusive nossa imaginação. Algumas de minhas decisões mais difíceis e transformadoras foram resolvidas, em parte, devido a uma imagem, figura ou metáfora significativa que me fundamentou em uma realidade mais profunda, às vezes invisível. Isso também pode ser uma presença que conforta e sustenta.

O movimento final em nossa prática de discernimento é *aceitar a direção das setas*. Quando estamos com dúvidas sobre questões importantes, é fácil nos perdermos em nossa cabeça enquanto tentamos descobrir o que fazer. É por isso que aceitar a direção das setas, em vez de ficar obcecado por respostas, pode ser uma prática vivificante em tempos de incerteza. Essas setas podem não ser óbvias no início, mas surgir à medida que nos envolvemos em ritmos e rituais, tanto os da nossa vida normal quanto os que criamos para marcar finais e começos.

Uma maneira de permanecer incorporado em sua vida enquanto discerne seu próximo passo é estabelecer ritmos simples que se alinham com seus valores pessoais essenciais e sua personalidade espiritual. Pode ser algo tão básico quanto fazer uma caminhada diária, manter compromissos com amigos ou seguir uma rotina matinal ou noturna. Talvez você ainda não saiba exatamente o que fazer em determinado cômodo, mas pode seguir pequenas setas que o aproximam da resposta.

Assim como os cômodos têm scripts, as palavras também têm. E "ritual" é uma palavra que tem muito a dizer. Em sua forma mais simples, é sinônimo de cerimônia ou observância de algo. Para o nosso propósito aqui, usaremos "ritual" como uma abreviação para marcar um momento, servindo como algo que podemos antecipar no futuro ou apontar para o passado.

Marcar o fim das coisas está incorporado na cultura. Festas, encerramentos, casamentos, aniversários e funerais são todos rituais que também fazem parte do nosso ritmo regular de vida. Quando um início ou fim é comunitário, a probabilidade de marcar o momento aumenta simplesmente porque há mais pessoas envolvidas. No entanto, o fato de o grupo marcar algo não significa que esse final seja nosso. Se o início ou o fim for mais pessoal ou silencioso, pode ser ainda mais fácil ignorar. É importante não

Pare! 121

apressar esses marcos quando eles surgirem, mesmo que o mundo ao nosso redor não os reconheça. Uma maneira de fazer isso é encontrar um período para encerrar as coisas da melhor maneira possível. É isso que os rituais podem fazer por nós; eles são uma prática de marcação do fim ou do início para nos ajudar a nos situar no tempo, reconhecer as dádivas e os fardos dos cômodos que estamos deixando e honrar a pessoa que nos tornamos e estamos nos tornando.

Isso é importante não apenas quando deixamos espaços, mas também quando discernimos que é hora de ficarmos. Talvez você esteja questionando determinado cômodo, resolva fazer os quatro movimentos ALMA e perceba que as setas o levam a ficar. Ainda assim, algo mudou. Marcar essa mudança com um novo ritmo ou um ritual significativo pode ser importante para que você permaneça nesse lugar ao qual pertence por enquanto, para fazer o bom trabalho que lhe é exigido e receber renovação para continuar no que pode ser uma situação menos do que ideal.

É nos ritmos e rituais de nossa vida que encontraremos e seguiremos as setas do discernimento. Se um ritual é algo que fazemos para marcar um momento, então um ritmo será nosso modo de vida que antecede e sucede esses momentos. Nosso ritmo de vida é uma forma intencional de incorporar a realidade de nossas decisões. É uma continuação do caminho, um reconhecimento de que, agora que discernimos a próxima coisa certa a fazer, é assim que a viveremos. Embora o restante deste livro traga mais profundidade e cor a esses movimentos, o que se segue é um exemplo de como manifestar a presença e aceitar a direção das setas me acompanhou no meio de meu próprio processo de discernimento.

* * *

Enquanto escrevia este livro, sofri durante meses para saber o quanto compartilhar sobre nossa saída da igreja. Afinal de contas, este livro não é sobre isso, e essa prática de discernimento não se destina apenas àqueles que estão examinando os espaços de fé que habitam. Os detalhes de por quê, quando e o que aconteceu não são o que importa aqui — eu sei disso. Mas também sei que a especificidade ajuda quando possível. E quanto mais específicos pudermos ser sobre nossas próprias histórias, mais amplamente elas se aplicam às histórias dos outros. Parece que o oposto é que seria verdade, mas, apesar disso, aqui estamos nós. Quero compartilhar essa parte porque, embora eu saiba que ela pode ser uma distração para alguns leitores, pode ser a história que salvará a vida de outros. E embora os detalhes da minha própria história possam estar embaçados, a realidade vista através de um vidro escuro, ainda sou eu e ainda a estou vivendo, querendo ser o mais sincera possível e, ao mesmo tempo, honrando as histórias que não posso contar porque são totalmente minhas.

A realidade daquela época era a seguinte: era junho de 2020. Embora o mundo tenha tido uma experiência *compartilhada* durante a pandemia, nem todos tivemos a *mesma* experiência. Cada coração conhecia sua própria dor. Como você, estávamos em casa havia três meses. As crianças estavam terminando as aulas virtuais de fim de semestre, praticando o distanciamento social e parecendo mais tristes do que nunca. Embora fizéssemos parte de uma igreja que amávamos, também estava se tornando cada vez mais perturbador para o nosso espírito permanecermos lá. Mesmo antes da pandemia, John e eu começamos a nos perguntar se nosso tempo ali estava chegando ao fim, devido a algumas diferenças teológicas crescentes e à ansiedade que parecia permear a liderança e, como resultado, toda a congregação. Prestávamos atenção no nosso corpo, na nossa mente e no nosso coração toda semana quando o culto terminava e sempre encontrávamos tristeza e raiva misturadas. Mais tarde, eu me identificaria com algo que Beth Moore disse em uma entrevista sobre sua saída da Convenção Batista do Sul: "É mais fácil sair quando se está com raiva do que quando se está triste".[3] Ela deu a entender que se você esperar até ficar com raiva, talvez tenha esperado demais.

E então, um dia no final de junho, literalmente no dia mais longo do ano no hemisfério Norte, tive uma conversa com um de nossos filhos que mudou minha vida. Essa história completa não é minha, portanto não posso contá-la, mas o que vou dizer é que tudo o que você acha que sabe sobre uma "questão", toda a teologia que lhe foi contada e que você tentou entender, todas as linhas limpas e bordas retas que você apontou, nada disso importa quando um filho ou filha adolescente lhe diz que está questionando sua sexualidade. O que importa é o rosto dessa linda alma que você ama, com os olhos cheios de pontos de interrogação, carregando a dor da rejeição antecipada, perguntando-se se ficará bem, se terá aceitação e amor. O que importa é essa vida jovem, que viveu em segredo até agora, sem saber se sua própria mãe se aproximaria ou se afastaria caso soubesse a verdade.

Uma coisa ficou clara rapidamente: nossa igreja atual não era um lugar onde nossa família poderia resolver isso. No início, tentamos. John foi almoçar com o pastor principal, querendo sondar o terreno sem revelar nada específico sobre nossa família, tentando iniciar um diálogo compassivo. Mas esse pastor não quis ou não conseguiu manter qualquer espaço de nuance para a questão, simplesmente reafirmou sua posição teológica. John queria construir uma ponte, mas a única coisa que esse pastor conseguia fazer era traçar uma linha. Isso confirmou o que sabíamos que não poderia acontecer em nossa igreja, embora tenha levado algum tempo para que eu admitisse isso completamente. Ainda assim, saber disso partiu meu coração.

Eu sabia que tínhamos amigos *dentro* da igreja com quem poderíamos conversar, e acabamos por fazer isso. No entanto, os sistemas, as estruturas e a liderança que compunham a instituição de nossa igreja na época simplesmente não conseguiriam abrir o tipo de espaço de que precisaríamos, o tipo que poderia ir além dos argumentos teológicos e das posições doutrinárias. Precisávamos receber compaixão e encontrar esperança na comunidade. Tínhamos coisas para aprender, para processar, e precisávamos de um lugar seguro onde pudéssemos fazer perguntas e lutar ao lado de pessoas que nos tratariam com cuidado. Nossos filhos não podiam esperar que resolvêssemos aquilo. Não podíamos pressionar o botão de pausar no controle remoto de nossas vidas por dois anos e decidir no que acreditávamos. O trabalho que começara um tempo antes no estacionamento e que havia sido deixado de lado, para depois, estava agora na minha sala de estar, na mesa da cozinha e no fundo do meu coração. Sei que nem todas as comunidades de fé chegarão às mesmas conclusões teológicas ao trabalharem para discernir o que Deus e a Bíblia têm a dizer sobre isso. Suponho que a pergunta para você, assim como foi para nós, seja se os cômodos em que você está permitem ou não diálogo seguro, luta e comunidade. Você está em um lugar onde se sente capaz de discordar? As vozes das margens são bem-vindas? Você é capaz de confiar que Deus é grande o suficiente para suportar tudo isso?

Para nós, parecia uma decisão de vida ou morte, porque era. E, embora isso possa parecer extremo, não é um exagero.

De acordo com a autora Bridget Eileen Rivera em seu livro *Heavy Burdens: Seven Ways* LGBTQ *Christians Experience Harm in the Church* [Cargas pesadas: sete formas como cristãos LGBTQ experimentam sofrimento na igreja], "a fé religiosa reduz o risco de suicídio em praticamente todos os grupos demográficos norte--americanos, exceto um: pessoas LGBTQ. Gerações de membros desse movimento têm sido alienadas ou condenadas pelas comunidades cristãs".[4] Eu não conhecia esse fato na época, mas de alguma forma sabia disso em meu coração. Mais tarde, recebi os números em abundância.

Em sua *Pesquisa nacional sobre saúde mental de jovens LGBTQIA+* de 2022, o Trevor Project descobriu que 45% dos jovens LGBTQIA+ consideraram seriamente tentar suicídio no último ano.[5] Um novo relatório do Centro Nacional de Controle de Doenças dos Estados Unidos divulgado em fevereiro de 2023 confirma a angústia contínua e extrema entre adolescentes que se identificam como lésbicas, gays, bissexuais ou questionadores (LGBTQIA+).[5]

Podemos querer respostas e certezas, mas às vezes só recebemos setas, as quais nos dizem quem está sofrendo, sendo excluído e morrendo. Seta para o desgosto do isolamento e do questionamento. Seta para o desejo de pertencer. As pessoas gritam suas respostas e as chamam de Deus, mas Deus dentro de mim aponta para algo diferente, algo mais vasto, algo que parece mistério e soa como amor. Essa história está em andamento, mas vou lhe contar como ela termina: *Deus ainda está conosco.*

No ano que antecedeu aquele verão, o que havia começado como um conhecimento lento chegou em um instante. Mas não havia um caminho claro a ser seguido quando percebemos que era hora de deixarmos nossa igreja. Como alguém sai de um lugar que antes estava comprometido a cultivar e crescer? Quem já percorreu esse caminho que estamos prestes a seguir? Quem pode falar sobre o medo que sinto, o desprendimento, a falta de muros? Quem normalizará essa queda livre?

A oração parecia impossível. Tudo estava de cabeça para baixo em minha vida interior, como se uma sala que antes era acarpetada, coberta e aconchegante agora estivesse quase vazia: piso de linóleo, paredes em branco, itens aleatórios deixados para trás com pressa e que agora não têm utilidade para mim. O estranho é que fui eu quem saiu, mas a realidade da minha experiência foi que me senti como se tivesse sido abandonada, como se alguém tivesse empacotado todas as cadeiras confortáveis e apagado todas as velas, levando consigo a cera e os pavios. Eu queria conversar com alguém, mas não sabia a quem recorrer. Estávamos indo embora, mas nos sentíamos abandonados.

De tudo o que poderíamos dizer sobre 2020, uma coisa que foi verdade em minha experiência e provavelmente na experiência de muitos é que foi um ano de ajuste de contas. Todos nós reavaliamos lealdades de longa data, examinamos mais profundamente os sistemas e as estruturas, e aprendemos em quem realmente podemos nos apoiar em momentos de dificuldade.

Para a maioria de nós, muitas das ferramentas de confiança para discernimento e tomada de decisões foram alteradas, reduzidas ou completamente perdidas. Não havia ninguém vivo a quem recorrer porque não tínhamos uma pandemia dessa magnitude desde 1920, portanto, não havia nenhum processo disponível. Naquela época, seguimos em frente sem saber o impacto de cada escolha, sem precedentes ou qualquer garantia de um resultado previsível.

Nossa capacidade de estarmos presentes uns com os outros foi limitada ou completamente bloqueada, privando-nos da proximidade de que precisamos para ter um senso de pertencimento. Com a falta de refeições ou espaço compartilhados, muitas vezes nos recolhemos em casa por segurança, cortando assim a comunicação. Para muitos, essa existência cotidiana, essa falta de rotina regular, tornava difícil orar, se é que orávamos.

Pare! 127

Todos os nossos rituais comunitários foram interrompidos ou completamente eliminados naquele ano. Não pudemos marcar nossos finais e começos com nenhum grau de normalidade; nascimentos, formaturas, primeiros e últimos dias de trabalho, casamentos e funerais foram todos interrompidos, alterados de forma irreconhecível ou completamente cancelados. Os momentos continuaram a passar sem alarde, comemoração ou lamento comunitário, os finais se transformando em inícios sem ninguém para testemunhá-los plenamente.

Os ritmos comuns que compõem nossa vida — ir para o trabalho ou para a escola, ver conhecidos nos correios ou no supermercado, reunir-se em comunidades religiosas, jantares, pequenos grupos, clubes de leitura — foram interrompidos. Não podíamos planejar, não podíamos prever, só podíamos adiar indefinidamente. Desenvolvemos o hábito de não contar com nada e o reflexo de esperar a decepção.

Embora ainda estivéssemos avançando em nossa vida individual, a falta de um caminho global e comunitário pesava muito sobre nós. A presença limitada de pessoas, a imaginação cansada e bloqueada, os rituais interrompidos e os ritmos imprevisíveis e não confiáveis complicaram nossa vida de maneiras que não conseguíamos articular na época. Os tipos de setas que estávamos acostumados a procurar estavam perdidos no nevoeiro, um mostrador giratório em uma bússola desconhecida. As coisas continuaram a acabar; continuamos a sair e entrar em vários cômodos de nossa vida sem os pontos de referência habituais. Tínhamos reuniões sem estarmos presentes, experimentávamos finais sem encerramento e tínhamos que praticar o discernimento no escuro. Quanto a mim e a John, isso significava que nosso ato real de "sair" não se parecia muito com isso. Ninguém estava frequentando a igreja pessoalmente naquele momento,

128   *Emily P. Freeman*

portanto era fácil se esconder nas sombras, ficar quieto e desaparecer.

Tudo isso era verdade. Mas quando olho para trás, para minha experiência daquela época, por meio da dádiva e da prática da reflexão, vejo agora como abri caminho na escuridão, como o caminho atrás de mim, a presença de Deus e a presença de outras pessoas comigo, e as imagens de esperança ainda surgiam como setas, mesmo que fracas. Após a reflexão, posso ver como meus pequenos rituais e ritmos fracos ainda serviram como guias pessoais necessários ao longo do caminho.

Embora eu não soubesse exatamente o que fazer ou como sair, algumas setas surgiram na forma de presença. Uma delas foi minha diretora espiritual. Embora eu tivesse o hábito de vê-la mensalmente nos oito anos anteriores, eu a vi exatamente duas vezes naquele ano por causa da pandemia. Mas duas vezes é melhor que nada, e essas duas sessões — uma por videochamada e a outra no pátio dos fundos de sua casa, sentadas a um metro e meio de distância — serviram como companhia necessária em uma época em que tudo estava de cabeça para baixo. Quando eu me sentia presa a credos e dogmas, excessivamente concentrada em pontos de discussão e em minha própria incapacidade de colocar uma linguagem em algo que eu conhecia profundamente, ela me lembrava: "Nossa visão de Deus pode se expandir além do que sempre nos foi ensinado". Ela dizia: "A fé não é tanto uma crença, mas viver a partir da experiência de quem Deus é, conforme revelado na pessoa de Jesus Cristo". Como eu poderia contestar um conhecimento interior? Como poderia defender minha própria determinação? A presença de Deus, vivenciada por meio da companhia de minha diretora espiritual, me fez lembrar do amor.

Eu tinha alguns amigos que encontrava para caminhar, trocando histórias e tristezas daquela época impossível, tentando manter o distanciamento social nas trilhas estreitas do bairro. Alguns eram pessoas que permaneceram na igreja da qual estávamos saindo, e serei eternamente grata pelo espaço generoso que eles me deram, mesmo quando estavam passando por seu próprio processo de discernimento que os levou a ficar. Experimentei a presença na forma da minha pequena família — três adolescentes que, sem os anos da pandemia, provavelmente teriam ficado mais tempo fora do que dentro de casa. As gêmeas já tinham idade suficiente para tirar a carteira de motorista, mas não tinham para onde ir. Em muitos sentidos, foi uma época sombria e estressante, cheia de perguntas, segredos e uma lenta queda livre. Mas também foi repleta de tempo em casa, assistindo a reprises de seriados, fazendo caminhadas lentas ao redor do quarteirão, ficando de olho nas notícias e encontrando novas maneiras de estarmos juntos.

E havia Deus, mostrando-me um novo lado, uma personalidade inexplorada, uma amplitude que eu não imaginava ser possível, um anfitrião na cabeceira de uma mesa maior. Uma das partes mais assustadoras daquele verão foi o fato de eu não sentir a presença de Deus da mesma forma que sentia no passado. Como sou uma pessoa centrada no coração, que navega pelo mundo primeiro por meio de sentimentos, depois pelos pensamentos e, em seguida, pelas ações, perder esse senso familiar de Deus foi uma dor que eu quase não consegui suportar. Mas será que é real dizer que havia presença na ausência de Deus? Que o lugar onde Deus estava, embora vazio, de alguma forma implicava que Deus estava se movendo? Que talvez minha casa teológica estivesse sendo reformada e Deus tivesse se levantado da prateleira onde eu havia colocado todas as coisas relacionadas a Ele, deixando para trás apenas uma marca cercada de poeira divina? Mas essa poeira era a prova de que *Deus está*. E meu trabalho era continuar a jornada e discernir como Deus estava se movendo agora? Em mim, ao meu redor, ainda. Mesmo agora, mesmo em meio às minhas perguntas e incertezas.

Algo novo estava surgindo em mim, ao lado do medo e da dúvida. Era a fortaleza. Era a coragem. Era um desafio seguir em frente com amor, mesmo com minhas dúvidas. Naquela época, eu não teria dito isso. Mas vejo agora, olhando para trás, a maneira como Deus agiu não apenas por meio das pessoas, mas também de imagens informadas pelo que eu sabia sobre a vida de Jesus nos relatos do Evangelho. Por exemplo, em vez de ler a história de Jesus alimentando os cinco mil e considerar o que isso significava hermeneuticamente, eu me sentia mais atraída pela realidade de que Jesus estava comendo com as pessoas. Fui compelida pela ideia de uma refeição com Deus, o vento na colina, os sons da multidão, a fome na barriga de todos. Eu me sentia atraída por histórias e imagens, e comecei a perceber como as imagens se fixavam em minha imaginação de modo mais significativo do que as palavras, na forma do que hoje chamo de "metáforas de ancoragem". Eram ideias ou imagens que pareciam aparecer repetidamente em diferentes contextos, de tal forma que eu não conseguia ignorá-las. Acredito que tenha sido uma gentileza de Deus, uma maneira de me acompanhar em um período em que as palavras eram difíceis, oferecendo-me uma linguagem para explorar minha vida e minhas perguntas sem precisar de tantas palavras.

Seguem algumas das metáforas de ancoragem que começaram a surgir:

Primeiro, havia a ideia de uma mesa. N. T. Wright diz o seguinte: "Quando Jesus quis explicar aos seus seguidores o que significaria sua morte, ele não lhes deu uma teoria. Ele lhes deu uma refeição".[7] Durante todo o verão e o outono, não consegui me livrar dessa imagem da largura e do comprimento da mesa de Deus. E, em minha imaginação, essa mesa continuava crescendo. Já compartilhei outra imagem de ancoragem que me acompanha há anos: a imagem do fogo. O fogo que arrebata e aquece, que reúne e conforta. O fogo que queima no pavio de uma vela, marcando uma lembrança. O fogo que esclarece e perturba em prol de algo melhor. O fogo que encanta e destrói, que nos pega de surpresa. Que tipo de fogo é esse? É uma pergunta que sempre faço.

Por fim, uma imagem que não me agradou e que não consegui explicar foi a da escuridão — simplesmente um desconhecimento profundo e sombrio. O livro perspicaz de Barbara Brown Taylor, *Learning to Walk in the Dark* [Aprendendo a caminhar na escuridão], tem sido um bom companheiro para mim ao longo do caminho. "A nova vida começa na escuridão. Seja uma semente no solo, um bebê no ventre ou Jesus no túmulo, ela começa no escuro."[8]

Uma ausência presente, uma mesa, um fogo, a escuridão: essas coisas comuns da vida cotidiana eram imagens às quais eu me agarrava. Não eram planas, como uma fotografia, mas imagens nas quais eu podia entrar, me sentar e explorar. Eu prestava atenção quando elas apareciam em conversas, nas escrituras ou em minha própria imaginação. E então, no fim daquele verão, surgiu um pequeno ritual: comecei a escrever haicais.

Vou ser sincera: não se tratava da forma tradicional do haicai japonês, que tem a intenção de ser um poema de "um só fôlego" que conecta duas ideias aparentemente diferentes. O que eu fiz foi a versão simplificada, do tipo que aprendemos no ensino médio, com o padrão de três linhas, cinco-sete-cinco sílabas. Eu quebrava todas as regras do haicai que os poetas de verdade usam, colocando todas as minhas palavras de preenchimento para atingir essa contagem de sílabas — não exata, mas ainda assim útil. Quando tudo parou e todos os ritmos desapareceram, quando não havia um caminho real a seguir ou um plano claro do qual depender, quando o verão se transformou em outono sem um único ponto de referência familiar, quando as crianças ainda estavam estudando em casa sem nenhum plano de voltar para um espaço físico, quando minha teologia estava virada do avesso e Deus estava em silêncio, esse pequeno ritual de escrever haicais semelhantes a orações ajudou.

14 de agosto de 2020
Que povo é esse?
Na noite escura d'alma
Temo que se vão.

22 de agosto de 2020
Senhor, meu pastor
Tenho o que preciso.
Eu só quero crer.

6 de dezembro de 2020
No meio-tempo
É impossível saber
Como vai tudo.

Talvez você também se encontre agora em um limiar, querendo respostas. Se estiver se sentindo preso e não tiver certeza do que fazer em seguida, o processo de discernimento dá tempo para orar com ALMA: *Apontar e falar*; *Lembrar seu caminho*; *Manifestar a presença*; *Aceitar a direção das setas*. Enquanto você continua a

PARE! 133

procurar uma presença para manifestar e reconhecer ou uma seta para seguir, uma prática simples que pode ser um ritmo útil para acompanhá-lo em suas próprias dúvidas ou incertezas é praticar a oração para dormir. Formalmente, é muito semelhante à prática estabelecida do Exame Diário, que mencionei brevemente no início do livro. É uma forma de oração reflexiva para o final do dia que o ajuda a se conscientizar da presença de Deus com você, bem como a definir uma intenção simples para o dia que está por vir.

Essa é uma prática de liberação, e é por isso que considero útil passar por esses movimentos mentalmente quando me deito à noite, em vez de tentar escrever minhas respostas. Leva apenas alguns minutos e, às vezes, você pode nem chegar ao final antes de pegar no sono. Significa que você foi bem e que a oração está fazendo um bom trabalho.

Aqui estão cinco movimentos simples para orar até dormir:

1. *Presença*: Estar presente no momento, comigo mesmo e com Deus. Eu estou aqui e Deus está aqui; eu sou agora e Deus é agora. Não há mais nada para fazer, dizer ou consertar hoje. Só há descanso.

2. *Reflexão*: Onde a Luz de Deus apareceu em meu dia? Ao fazer uma retrospectiva dos acontecimentos, conversas, movimentos e momentos do dia, onde você notou a Luz? Onde pode ter visto um vislumbre de esperança? Um momento de gratidão? Dê um nome a eles e perceba-os agora.

3. *Conscientização*: Que sentimentos estão surgindo em mim agora? Sem julgamento ou segundas intenções, simplesmente observe como você se sente ao rever seu dia. Encorajado? Motivado? Exausto? Aliviado? Seja

qual for o sentimento, observe-o e dê um nome a ele, aponte e fale.

4. *Imaginação*: Alguma imagem ou quadro surge de um momento específico do meu dia? Algumas imagens são apenas para o dia; outras podem ser levadas conosco por um longo período de tempo. Em sua reflexão, talvez uma planta ou um animal que você encontrou hoje permaneça com você. Talvez um desenho que seu filho trouxe da escola para casa ou um pedaço de musgo que você notou na calçada lhe venham à mente. Podem ser imagens para o dia ou podem ser o início de uma metáfora de ancoragem por uma temporada. Ore a partir desse lugar, perguntando a Deus o que você precisa saber.

5. *Antecipação*: Olhe para o amanhã. Não há necessidade de registrar uma lista de tarefas ou uma agenda. Simplesmente acomode-se onde está, ofereça uma gratidão simples por isso e olhe para o amanhã, confiando no que quer que tenha surgido e de que você precise permanecerá com você, e o que quer que tenha surgido e de que você não precise ficará aos cuidados de Deus.

Essa oração simples de cinco movimentos pode ser um pequeno ritual por si só, que vai ajudá-lo a se desprender do controle que você acha que tem e permitir que os momentos de dificuldade, constrangimento, incerteza ou confusão fiquem no colo de Deus enquanto você dorme. Também pode servir como uma forma de acessar uma metáfora de ancoragem para essa época específica de mudanças, uma metáfora que esteja enraizada não na vida que você achava que deveria ter, mas na que você está realmente vivendo.

7. Paz ou evitação

Escute, você está respirando só um pouco e chamando isso de vida?
Mary Oliver, "Have You Ever Tried to Enter
the Long Black Branches?"

O início de 2021 parecia um corredor gigante. John e eu estávamos havia vários meses percebendo que era hora de deixarmos nossa igreja, e eu estava em paz com essa decisão em minha mente, mas não tínhamos oficializado nada. Quando entramos no novo ano e refleti sobre os doze meses anteriores, percebi que a última vez que tínhamos ido à igreja antes de tudo fechar fora no início de março de 2020. Mas não sabíamos que essa seria de fato a última vez.

Muitos de nós tivemos uma última vez sem saber, seja por causa daqueles anos de pandemia ou de outras circunstâncias inesperadas fora de nosso controle. Esse pode ser um dos motivos pelos quais é difícil seguir em frente. Não houve marcação de um momento final nem reconhecimento do fim. Não houve uma respiração profunda antes da última reunião, nenhuma anotação significativa no seu diário depois, nenhuma apresentação de slides, nenhuma conversa chorosa ou abraços de felicitações. Para nós, no início da primavera de 2020, houve apenas um domingo normal em que comemos donuts antes de ocuparmos nossos assentos no lado esquerdo, nos fundos, como sempre. Era minha vez de ler as escrituras naquela semana, então o fiz do púlpito antes do sermão. Cantamos canções familiares e reconfortantes ao som de piano e violão. Tenho certeza de que vi amigos à distância e não me esforcei para cumprimentá-los, achando que os encontraria na semana seguinte. E então a próxima semana se transformou em nunca.

Às vezes, essa é a realidade de nossos finais, e certamente aconteceu com muitos de nós em 2020. Sem previsão, sem pista, sem aviso. Apenas uma vida normal que se transformou em um final abrupto. Para todos os que partiram ou foram deixados naquele ano, para todos os que perderam alguém que amavam, para todos os que foram demitidos de um emprego, perderam sua casa, ou se mudaram, os finais não formados simplesmente desapareceram em nossas vidas, sem limites ou marcações. Os finais que recebemos não eram nada parecidos com os que sempre imaginamos (se é que imaginamos os finais).

John e eu tivemos inúmeras conversas na mesa da cozinha, no sofá à noite, em centenas de caminhadas pelo quarteirão. Processamos e superprocessamos tudo isso. Fizemos confidências a alguns amigos queridos que ainda estavam na igreja, e eles sabiam por que não podíamos mais ficar. Além disso, trocamos ideias com amigos que haviam discernido que era hora de sair também, como minha amiga Anna (no fim das contas, é improvável que algum de nossos filhos se case naquele belo santuário). Mas, quando chegou a hora de realmente ir embora, pensei que poderíamos simplesmente desaparecer em silêncio, pensei que evitaríamos ser vistos como pessoas que causam problemas, que vão embora com raiva, que fazem barulho ao sair. "Vamos só ficar quietos e sair em paz. Não vamos fazer ninguém se sentir desconfortável." Além disso, ainda estávamos nos esforçando para guardar com cuidado a história de nosso filho, não queríamos compartilhar coisas que simplesmente não tínhamos direito de compartilhar. Às vezes, uma saída silenciosa é apropriada, até mesmo necessária. Mas, para mim, foi só depois de algum tempo, várias semanas após o início do novo ano, que comecei a perceber o impacto que esse não final estava causando em meu corpo e a definição superficial de paz à qual eu estava me apegando.

No dia da posse presidencial norte-americana, em janeiro de 2021, ligamos a cobertura ao vivo para testemunhar a história e a transferência pacífica de poder. Nossos filhos estavam todos em casa fazendo aulas virtuais, portanto a agenda deles era flexível. Assistimos a toda a cerimônia, desde a prece até Lady Gaga cantando o hino nacional e o juramento da vice-presidente e do presidente. Eu estava com meu laptop aberto no site presidencial para anotar o momento exato em que ele refletiria um novo governo. Sou fascinada por essas cerimônias reverenciais e por todo o planejamento e organização que as envolvem, por todas as pessoas nos bastidores necessárias para realizar um evento como aquele. É impressionante imaginar tudo o que acontece no período de cinco horas que a equipe tem para retirar uma família presidencial da Casa Branca e acomodar a nova. Li que, por motivos de segurança, eles não podem contratar transportadores externos para fazer o trabalho, de modo que todos, desde o florista da equipe até o chef da Casa Branca, estão envolvidos na mudança, fazendo com que a primeira família acorde na Casa Branca pela manhã e, à noite, a nova esteja instalada, já encontrando até mesmo sua marca favorita de xampu no chuveiro. Se eles nos deixassem assistir a essa transição em tempo real, seria um programa de TV imperdível para mim. Mas, naquele dia, eu me contentei em marcar o momento em que o site muda, então fiquei sentada com meu laptop, atualizando continuamente a página. Às 11h59, horário da Costa Leste dos Estados Unidos, logo após a posse, o site mudou do gabinete do ex-presidente para o gabinete do presidente recém-empossado.

"Olha aí!", John disse com um sorriso, brevemente entusiasmado por saber do meu interesse, observando com casualidade por cima do meu ombro. O novo presidente fez seu discurso de posse e, logo em seguida, uma jovem mulher com um casaco amarelo brilhante e uma faixa vermelha na cabeça subiu ao palco. A transmissão informava que seu nome era Amanda Gorman, que tinha vinte e dois anos e era a mais jovem poeta laureada na história da posse. Ela escreveu um poema especificamente para a ocasião chamado "A colina que subimos". E, em meio a várias tarefas no meu computador, com as crianças almoçando e John disciplinando o cachorro ao fundo, assim que ela começou a falar, fiquei presa à tela da TV. Suas palavras eram claras, suas mãos pequenas eram delicadas e dançavam enquanto ela recitava.

Agarrei-me imediatamente a um dos versos de seu poema e o compartilhei no Instagram cinco minutos depois que ela saiu do palco. Percebi que estava repercutindo e, claro, não fui a única a compartilhar suas palavras. Então me vi atualizando outra página, dessa vez a conta dela no Instagram. Observei como o número de seguidores de Gorman aumentava em dez mil a cada minuto, pessoas fazendo o mesmo que eu, ouvindo-a em tempo real e depois encontrando-a no Instagram para saber quem ela era. No final do dia, ela tinha mais de um milhão de seguidores. Claramente, suas palavras repercutiram em muita gente. Mas houve uma frase que ela disse, quase no início, e que eu não fui tão rápida em recompartilhar ou destacar. Essa era para eu carregar, manusear, revirar várias vezes em minhas mãos e em meu coração.[1]

Aprendemos que silêncio nem sempre é paz,
E as normas e noções do que "é justo"
Nem sempre são Justiça.*

O poema de Gorman tinha um ponto de vista específico e fora escrito para um momento específico no tempo, e quero honrar isso pelo que é, pelo que representa e pelo que ela estava pedindo. Isso é verdade, e também, em sua especificidade, todos nós podemos nos relacionar com a verdade universal que ela articulou. "Silêncio nem sempre é paz." E ali estava. Ela tinha dito algo que eu precisava ouvir, colocado palavras em sua própria experiência e na experiência da história, e dito algo sobre minha experiência do momento também. Enquanto eu estava sentada em meu sofá, ouvindo aquela jovem recitar suas próprias palavras, o menor dos caminhos se abriu para mim, a menor das setas apontava para o que fazer em seguida. Nessa decisão de deixar nossa igreja, estávamos permanecendo em silêncio. Mas, em nosso silêncio, percebi que estávamos comunicando que havia paz, quando, na verdade, não era essa a realidade. Se houvesse uma terceira via, que não exigisse nem armar confusão, nem ficar calada, eu queria encontrá-la.

* * *

---

* *We've learned that quiet isn't always peace, / And the norms and notions of what "just is" / Isn't always justice.*

Há uma diferença entre a paz que vem de fazer a coisa certa e o alívio que vem de evitar o desconforto. Olhando para trás, agora posso dizer que estava confundindo a paz que senti ao tomar a decisão de ir embora (uma paz verdadeira) com o método que escolhemos para fazer isso (evitar o desconforto). Traduzindo: meu plano era simplesmente desaparecer. Achei que poderíamos experimentar o benefício e o alívio de partir sem ter de enfrentar a dor de realmente, bem, *partir*.

Embora a decisão em si possa ser exatamente a coisa certa para você, o método é importante. Aliás, às vezes o método é o que causa mais confusão, desgosto e dor, até mais do que a própria saída. Terminar um namoro por mensagem, fazer *ghosting* com um amigo sem explicação, sair de um emprego sem aviso prévio — todas essas são circunstâncias em que a decisão de sair do cômodo pode ser bem fundamentada, mas o método pelo qual você escolhe sair pode causar mais danos do que a própria saída. Não há como falar sobre todas as nuances de uma situação em um meio como este e, portanto, vale a pena dizer e repetir: às vezes, a única maneira de sair é desaparecer, ir embora sem explicação ou conversa. Nem sempre é possível ir embora bem, seja qual for a interpretação que você dê a esse termo. Como diz Gorman, "silêncio nem sempre é paz", mas às vezes silêncio *é* paz. Todos nós temos que discernir por nós mesmos quando o mais simples adeus é necessário, quando precisamos manter nossa paz permanecendo em silêncio ou quando precisamos falar até o fim. É por isso que vale a pena explorar o que é ir embora bem *para você*. Queremos nos dar a melhor chance de encerrar, curar e eliminar as coisas que estão dentro de nossa esfera de controle e podem causar mais danos do que o necessário.

Essa falsa paz pode se manifestar de outras formas durante o processo de discernimento. Se você considerar os cômodos em que está e imaginar um confronto que pode ocorrer como resultado de sua decisão ou a resistência que provavelmente enfrentará se souberem que você mudou de ideia, é natural que comece a sentir medo e desconforto. Mas esse medo e esse desconforto em geral são interpretados como uma porta fechada ou até mesmo uma parede. Podem ser isso, mas não necessariamente. O medo e o desconforto não costumam ser respostas por si só, mas muitas vezes são setas: é importante prestar atenção, mas também é melhor perguntar a si mesmo para o que eles estão apontando. A princípio, é útil considerá-los sinais amarelos para nos fazer desacelerar, em vez de presumir que sejam sempre sinais vermelhos. A questão a ser discernida é se o medo e o desconforto estão apontando para uma parede ("Não vá por aqui"), uma janela ("Aqui está algo que é possível"), um espelho ("Este é um momento de autorreflexão") ou uma porta ("Sim, é hora de ir embora").

Talvez tenhamos a tendência de presumir que o medo é um sinal de que estamos indo na direção errada. "Não estou me sentindo em paz com isso. Abortar missão! Vou ficar aqui!" É possível ficar um tempo excessivo em um cômodo ou sair correndo rápido demais porque estamos prestando atenção em um conjunto restrito de sinais. Nossa definição de paz, nesse caso, significa ausência de medo ou ansiedade.

A verdadeira paz não é a ausência de desconforto ou conflito.

A verdadeira paz é um estado interior de bem-estar e plenitude.

A verdadeira paz é um alinhamento com o que sabemos e fazemos, viver em congruência com nossos valores pessoais essenciais, nossa verdadeira identidade, o bem comum e nossa vida com Deus. Mas qualquer criança que já tenha usado aparelho ortodôntico sabe que alinhar as coisas quase sempre inclui desconforto.

Então, como podemos começar a discernir a diferença entre a verdadeira paz e a prevenção do desconforto? Fiz essa pergunta à dra. Hillary L. McBride no podcast *The Next Right Thing*. Ela é uma terapeuta e pesquisadora especializada em corporificação e também autora do livro *The Wisdom of Your Body* [A sabedoria do seu corpo]. Ela destacou a importância dessa pergunta:

> O que é paz em relação a algo e o que é o fato de estarmos tentando fugir de algo que é difícil? Sentimos alívio porque estamos evitando. É assim que o ciclo de ansiedade funciona para a maioria das pessoas em nosso entendimento popular [...], mas essa ativação reativa à ansiedade é alimentada pelo fato de sairmos, nos afastarmos ou evitarmos coisas que são assustadoras para nós, o que serve apenas para aumentar nossa ansiedade em relação a elas quando nos aproximamos novamente. Confundimos o alívio de ir embora com a coisa certa a fazer e não percebemos que, na verdade, é o nosso corpo que está recebendo um descanso da ansiedade de enfrentar aquilo que aprendemos que era assustador, mas não é.

Em seguida, ela usou o exemplo da ansiedade social que alguns de nós sentimos ao ir a uma festa. A sensação é assustadora, então, vamos embora. E, quando saímos, nos sentimos melhor. Isso parece provar ao nosso sistema nervoso que não conseguimos lidar com a festa. Se formos a outra festa, a sensação pode ser ainda mais assustadora, o que significa que nossa recompensa por ir embora é ainda maior. Esse pode ser um exemplo de uma falsa paz. Não significa que sair foi a coisa certa a fazer ou que estávamos realmente em perigo. Significa apenas que nosso sistema nervoso se sentiu aliviado quando saímos.

Em seguida, ela fez um convite para prestarmos atenção em nosso corpo:

Ser capaz de perceber a diferença entre o alívio que vem de minha fuga e o que é realmente paz é o trabalho de uma vida inteira. [...] Essas coisas aparecerão de forma diferente se você as mantiver lado a lado. Se você conhecer essas sensações o suficiente e estiver familiarizado com elas, será capaz de perceber a diferença. Mas a maioria de nós não tem um pente-fino que nos permita passar por essas diferentes sensações para podermos distinguir. É muito fácil confundi-las.[2]

Não conseguiremos concluir esse trabalho em um capítulo, mas podemos explorar o que significa começá-lo agora.

Primeiro, é bom lembrar o que queremos dizer com "paz" e o que significa estar bem. "Estar 'bem'", de acordo com as autoras Emily Nagoski e Amelia Nagoski no livro *Burnout: o segredo para romper com o ciclo de estresse*, "não significa viver em um estado de perpétua segurança e calma, mas se mover com fluidez de um estado de adversidade, risco, aventura ou empolgação para a segurança e a calma novamente, e de novo para fora delas. O estresse não é ruim para você; o que é ruim é *ficar presa*".[3] Fomos feitos para entrar e sair do estresse, não para ficarmos presos em um cômodo aparentemente seguro. Devemos nos movimentar no ritmo humano e saudável de sair dos cômodos e encontrar cômodos novos. Isso pode causar estresse, com certeza. Mas estresse não significa automaticamente que não estamos bem.

Nas escrituras hebraicas, a palavra traduzida para o inglês como paz é "shalom", que significa fazer restituição e restaurar. Também implica uma sensação geral de totalidade ou plenitude, de *estar cheio de bem-estar*. Esse é o tipo de paz que almejamos, o tipo que resulta do fato de estarmos profundamente bem, não necessariamente porque tudo está bem por fora, mas porque tudo está bem por dentro. É um tipo de paz interna, um conhecimento interior, o recebimento da paz com Deus e o desejo de transmitir paz ao mundo.

Se você perceber que a ansiedade vem enquanto você está em dúvida sobre se é bom ficar em um cômodo ou se é hora de ir embora, em vez de interpretar a ansiedade como um sinal vermelho, alertando para dar meia-volta a fim de evitar o medo e o desconforto, está disposto a manter a tensão apenas um pouco mais? Vamos começar a aplicar os movimentos que aprendemos até agora, começando com uma prática de apontar e falar. Vou narrar um diálogo que pode estar acontecendo em sua mente:

"Quando penso sobre ficar aqui por mais tempo ou sair deste cômodo, sinto desconforto, medo, ansiedade, pavor e desejo de escapar dessa decisão. No passado, talvez eu tenha interpretado isso como um sinal de que estava indo na direção errada e, como resultado, eu buscaria sensações de paz e segurança. Mas agora quero perceber a diferença entre paz verdadeira e evitar o desconforto."

Um diálogo semelhante passou por minha mente quando imaginei ter de articular nossos motivos para ir embora ou ter uma conversa com os líderes de nossa igreja. Quando nos casamos, John era membro da equipe de outra igreja havia doze anos. Sabemos como é fácil para as pessoas criticarem e como é difícil (e até mesmo raro) permanecer na igreja para efetuar mudanças. Durante esses anos, entendemos o desânimo e a frustração que advêm de receber reclamações, suposições injustas e cartas anônimas. Portanto, imaginar o trabalho de articular nossos motivos para sair era desconfortável por vários motivos, mas um deles era que respeitávamos o papel do pastor e sabíamos que nossos motivos tinham menos a ver com uma pessoa ou grupo de pessoas e mais a ver com todo um sistema. Isso era mais difícil de confrontar ou articular, e tornava a evitação mais conveniente.

Voltemos à nossa prática.

Ao fazermos uma pausa para nomear o que está acontecendo dentro de nós e ao nosso redor, em vez de presumir que nossa resposta física e emocional desconfortável seja um sinal vermelho automático, vamos considerá-lo um sinal amarelo por enquanto, com o objetivo de nos desacelerar, chamar a atenção e cuidar de nossa postura ao tomarmos nossa decisão.

É aqui que a espiritualidade inaciana nos fornece uma linguagem útil para nomear nossa postura ou a direção para a qual estamos voltados quando tomamos decisões, com os conceitos de *consolação* e *desolação*.

"Consolação" é uma palavra que descreve nosso estado espiritual, incluindo um sentimento que nos atrai para Deus e para os outros. É quando sentimos um aumento na fé, na esperança ou no amor, que nos leva à paz. Uma experiência de consolação também pode incluir tristeza ou pesar por uma circunstância, mas é o tipo de tristeza e pesar que nos aproxima de Deus.

A "desolação" é outra categoria de sentimento, na qual nosso foco está voltado para nós mesmos, afastando-nos do amor de Deus ou dos outros. Alguns podem descrever como uma secura ou letargia espiritual, uma falta de motivação para o bem e uma ausência da presença sentida de Deus. Quando estamos em um estado de desolação, podemos nos sentir puxados para baixo em uma espiral de sentimentos negativos e querer desistir de coisas que eram importantes para nós.

Observe que esses não são estados estáticos de euforia e desespero, nem de forma alguma termos psicológicos ou de diagnóstico. São simplesmente maneiras de descrever e falar sobre um estado interior de ser do qual podemos entrar e sair o tempo todo na vida cotidiana. Não há necessidade de colocar rótulos de moralidade neles, pois a consolação e a desolação fazem parte da experiência humana. Mas o trabalho de nomeá-las pode servir como uma seta informativa ao considerarmos o estado de nossa vida interior quando estamos trabalhando para discernir se é hora de sair de um cômodo ou entrar em outro. O que está acontecendo sob a superfície de nossa vida quando consideramos uma decisão específica de ficar ou ir embora tem um impacto sobre nossa capacidade de fazer um movimento a partir da parte mais profunda de quem somos. Ser capaz de nomear nossa experiência interior de consolação ou desolação pode ser uma maneira útil de colocar uma linguagem em nossa postura atual.

Voltemos à nossa prática estabelecida de oração da ALMA: Apontar e falar; Lembrar nosso caminho; Manifestar a presença; e Aceitar a direção das setas.

Ao se envolver com Deus a partir de sua própria personalidade espiritual, o que você percebe? Essa ação (ou ausência de ação) está alinhada com seus valores pessoais essenciais? Há alguém presente a quem você possa recorrer, pedir conselhos ou que possa sentar-se com você em oração e escuta? Há alguma imagem que você tem carregado e que informa seu próximo passo? Existe um próximo passo que você pode dar que se alinhe com o que mais valoriza?

Mantenha as respostas a essas perguntas diante de você. Se sentir desconforto, sua aversão a essa ação é resultado do estabelecimento de um limite saudável ou do ato de evitar um confronto desconfortável? Seu medo está vindo de um lugar sólido de sabedoria, porque tomar essa atitude realmente ameaçaria sua segurança? Ou o medo vem de um lugar mais frágil, que deseja desesperadamente ficar longe de perturbações?

A questão é a seguinte: quando fico em silêncio e sou sincera comigo mesma, percebo a diferença. Por baixo de todas as minhas explicações, desculpas e defesas, no âmago de quem sou, do mesmo lugar onde ouvi meu amigo Jesus me dizer, "Quando elas saírem, vá atrás", também consigo ouvir outras coisas. Não de forma audível e, às vezes, não tão claramente. Mas há um conhecimento interior que o vento não pode tocar, o fogo não pode queimar, as águas não podem vencer. Há um lugar sólido e tranquilo em nosso íntimo, que habitamos como um todo. E, a partir dele, podemos discernir se nosso medo é saudável, resultado da sabedoria, ou se é disfuncional, resultado da fuga.

Quando John e eu nos deparamos com a realidade de termos saído de nossa igreja sem dizer nada a ninguém, quando vi isso diante de mim e considerei o que significava entrar no corredor, eu sabia que não poderia sair e seguir para algo novo em liberdade até que pelo menos tentássemos articular por que estávamos saindo. Então, decidimos escrever uma carta.

Há uma longa história de pessoas que permanecem em silêncio em nome da "paz" e, consequentemente, perpetuam o mal. No âmbito da vida, nossa decisão de escrever uma carta foi algo mínimo, uma declaração minúscula. Mas nosso silêncio não era paz. Decidimos que dizer algo de forma imperfeita seria melhor do que não dizer nada.

Escrevemos alguns rascunhos, mas nada parecia certo. Ainda estávamos nos acostumando com nossa própria voz. Como dizer a verdade sem culpar alguém, ou parecer mesquinho, ou ser excessivamente defensivo ou excessivamente ofensivo, ou, ou, ou? Portanto, o primeiro rascunho não mentia, mas também não dizia a verdade. Escrevemos um segundo e um terceiro.

Fizemos o melhor que podíamos. Estávamos passando pela maior mudança de fé de nossa vida, fazendo perguntas que não tínhamos tido coragem de fazer antes, querendo ser pessoas sábias, atenciosas e fiéis. Queríamos desesperadamente comunicar que não havíamos perdido a cabeça, que estávamos desesperados por Deus. Acima de tudo, nossa preocupação era com nossos filhos. E nos sentíamos totalmente sozinhos. Eu queria, mais do que qualquer coisa, poder correr para os braços da liderança e da comunidade de nossa igreja e dizer: "Ei, pessoal, estamos navegando por algo novo com nossa família, algo que não conhecíamos antes, algo sutil, mas também confuso. Pode ser bonito. Esperamos que seja bonito. Podemos confiar em vocês para nos acompanhar nessa jornada? Para amar e aceitar nossos filhos, não importa o que aconteça? Para demonstrar o amor de Deus à nossa família? Vocês nos apoiarão em nossa dor? Em nossa confissão? Abrirão espaço para nós, se confessarão ao nosso lado? Estariam dispostos a nos ouvir, a responder a perguntas sem respostas? Estariam dispostos a dar uma segunda olhada? Vocês estariam conosco? Ficariam conosco?".

Mas não dissemos nada disso. Tínhamos evidências suficientes de que aquele não era um lugar capaz de fazer isso por nós, pelo menos não em nossa experiência. Dissemos a verdade, mas não toda a verdade. Agradecemos e falamos um pouco do que sentíamos. Se eu tivesse que repetir tudo, teria dito e feito as coisas de forma diferente. Mas não podemos repetir os finais. Fazemos o melhor que podemos, lutamos pelo encerramento de que precisamos naquele momento e confiamos que é o suficiente por enquanto.

Depois de receber nossa carta, um dos líderes da igreja entrou em contato e solicitou uma reunião para nos ouvir e saber se queríamos dizer mais alguma coisa. Falamos que sim e acabamos nos reunindo com dois anciãos bondosos que ouviram nosso canto do cisne em uma noite fria de março. Fomos sinceros, às vezes de forma brutal. Compartilhamos muito, mas não tudo.

Mesmo sem todos os detalhes, para seu grande crédito, eles ouviram sem se defender. Foram pacientes e sinceros, fizeram anotações e perguntas. Perto do fim de nosso tempo, quando nos perguntaram qual igreja havíamos decidido frequentar, chocamos a eles e a nós mesmos ao começarmos a chorar, o que para mim não é raro, mas, vindo de John, foi uma surpresa e tanto. Porque nós não sabíamos. E agora que havíamos abandonado oficialmente nossa igreja, tínhamos que enfrentar a realidade desse doloroso desconhecimento. Quem nos receberia? Para onde poderíamos ir? Haveria algum lugar ao qual pertencer? Nós nos sentíamos desesperadamente sozinhos.

Gostaria que tivéssemos falado mais — não necessariamente apenas no final, mas ao longo do caminho. Reconheço isso e fiz as pazes com meu silêncio. Não apenas nessa situação, mas também quando reflito sobre toda a minha vida, há momentos em que eu gostaria de ter dito mais, feito mais. Gostaria de ter me manifestado com mais frequência em favor daqueles que estão à margem. Gostaria de ter conhecido mais cedo a dor e a rejeição que tantas pessoas sentem dentro das paredes da igreja. Gostaria de ter confrontado meu próprio silêncio em tantas ocasiões.

Mas agora estou aprendendo. Cresci em minha compreensão de mim mesma como líder. Apontei e chamei a atenção para o meu dom de discernimento. Há um conhecimento que corre como uma correnteza interna, o lugar onde nosso espírito e o de Deus se encontram em união. A partir daqui, estou aprendendo a viver, a me mover e a existir. Mas ainda não cheguei lá, e tudo bem.

Se você errar, também não há problema. Você não está estragando tudo. Acredito firmemente que vale a pena começar uma prática de prestar atenção nessa nuance, mesmo que isso signifique ficar tempo demais ou sair precocemente. Acredito que, quando estamos dispostos a dizer, "Isto é a verdadeira paz ou é o alívio que vem da evitação?", só fazer essa pergunta já é um bom trabalho e nos coloca em um caminho em direção à bondade e à cura, mesmo quando o medo nos impede, Deus nos sustenta, está ao nosso lado e conosco. E a verdade é que ainda ficaremos bem.

Se você viajar para Israel hoje, poderá ouvir "shalom" como uma palavra de saudação ao entrar e como uma bênção ao sair. "Shalom", que contém tanto uma bênção popular quanto uma bênção religiosa, é uma palavra que nos encontra ao cruzarmos as soleiras; paz ao entrarmos e ao sairmos, uma saudação e uma despedida. Que seja assim, dentro de nós, ao nosso redor e entre nós.

8. Prontidão ou pontualidade

Há algumas pessoas que vão embora cedo e outras que têm tendência a ficar tempo demais, e eu sou uma que estende extremamente a permanência, e vivi assim a maior parte da minha vida. Um dos aprendizados mais centrais de minha meia-idade é aprender a abrir mão.

Shauna Niequist, *I Guess I Haven't Learned that Yet*

Desde 1975, a nbc leva ao ar o mesmo programa — *Saturday Night Live* — no mesmo dia e no mesmo horário, tornando-o uma das atrações mais longevas na história da televisão. Há quase cinquenta anos, é um ícone da programação da nbc. O grande volume de atividade, planejamento e pessoal necessários para colocar o programa no ar todas as semanas por tanto tempo é notável. Considere apenas a parte que inclui esquetes pré-gravadas. De terça a sábado, o cronograma de produção é uma espécie de caos organizado. É nesse período que eles gravam os segmentos que serão exibidos durante o programa ao vivo, o que lhes permite incluir mais ambientes e efeitos especiais que não funcionariam tão bem ao vivo. Isso começou com paródias comerciais e depois se expandiu para incluir a produção de curtas-metragens elaborados. No início, eles faziam apenas dez curtas por ano, mas nos últimos anos têm até três unidades trabalhando em tempo integral para esse formato.

Às segundas-feiras, eles planejam a divulgação do que filmarão no dia seguinte com o apresentador (um ator, comediante ou músico, diferente a cada semana). Eles filmam a vinheta às terças-feiras e, em seguida, se apressam para editar e mixar o material para que possa ir ao ar naquela noite, para só então dar início à gravação do programa de sábado. Às quartas-feiras, eles leem dez ou doze roteiros e escolhem dois ou três para, de fato, filmar. Imediatamente, precisam tomar decisões sobre figurino, cenário e design para cada roteiro. Uma vez tomadas as decisões, os cenários são construídos e as locações são procuradas. Em seguida, os textos são reescritos, novas piadas são apresentadas e os roteiristas fazem as edições (ainda é quarta-feira). Lembre-se de que uma fala de diálogo alterada pode exigir, no mínimo, um novo adereço ou até mesmo uma mudança completa no cenário. Às quintas-feiras, eles elaboram o cronograma, o orçamento e a logística. Às sextas-feiras, centenas de pessoas trabalham durante a noite para construir cenários em preparação para as filmagens em três locais diferentes da cidade. Assim que as filmagens terminam, a pós-produção assume o controle e os editores do programa trabalham com os produtores para garantir que eles estejam se concentrando nas coisas certas. E então, no sábado, não importa o que aconteça, algo tem que ir ao ar. Os editores e produtores trabalham o dia todo ao lado das pessoas que fazem os efeitos visuais.

Depois, eles fazem o ensaio geral, no qual mostram os clipes para um público ao vivo. Com base em suas reações e nas reações dos criadores do programa, ainda pode haver coisas a mudar, efeitos a acrescentar ou cenas a cortar. A essa altura, já são dez horas da noite no sábado. Às vezes, as cenas vão ao ar com efeitos especiais faltando, telas verdes acidentais ou cortes aleatórios em lugares errados.[1] Eles fazem um trabalho incrível, mas, em uma guerra entre o tempo e a prontidão, o tempo sempre vencerá. Em seu livro *A poderosa chefona*, Tina Fey repetiu o que o criador do programa, Lorne Michaels, costumava dizer: "O programa não começa porque está pronto, e sim porque são 23h30".[2] Qualquer pessoa que já teve de cumprir um prazo conhece essa realidade. Ao contrário da matemática, em que é claro se um trabalho está pronto ou não, o trabalho criativo nunca está realmente concluído. Simplesmente *é entregue no prazo*. Não se trata de o material estar pronto, mas de pontualidade.

Quer estejamos enfrentando um fim devido a uma despedida antecipada, forçada ou escolhida, essa tensão entre prontidão e pontualidade é importante para apontar, chamar a atenção e falar. Conhecer a diferença e saber como esses dois conceitos atuam, influenciam e interagem entre si pode ser útil em nossa prática contínua de discernimento.

Se você já esperou um bebê, conhece o pânico de "chegou a hora, mas não estou pronta", como senti quando as gêmeas nasceram sete semanas antes da data prevista. E se já sentiu aquela dor aguda e lancinante de querer um filho, mas a biologia ou as circunstâncias impediram que isso acontecesse, conhece o desgosto de estar totalmente pronta, mas nunca chegar a hora. Em ambos os exemplos, no entanto, o momento está, em sua maior parte, fora de nossas mãos. Mas, em nossa vida de decisões, temos de fazer uma escolha e discernir por nós mesmos, com Deus e com as pessoas que nos cercam, se chegou a hora e se estamos prontos ou não.

PARE! 155

Não há apenas uma maneira de medir a prontidão, mas, quando você está pronto, todo o seu corpo sabe disso e, às vezes, demonstra. A prontidão pode se parecer com se inclinar para a frente, de malas prontas, pés batendo, mãos inquietas. Prontidão é um, dois, três e já. Às vezes, a prontidão se mostra calma e estável, um conhecimento profundo, um centro sólido. Talvez você experimente uma liberdade ou liberação que nunca experimentou antes, trazendo um amanhecer de consciência reveladora de que você está, de fato, pronto para dar um passo, tomar uma decisão ou fazer uma mudança. A prontidão também pode se manifestar como um cansaço profundo, uma exaustão que você não consegue expressar em palavras, uma fadiga que o impede de suportar mais uma gota de sofrimento. Você está pronto. Mas será que chegou a hora?

A prontidão e a pontualidade mais fáceis de discernir são aquelas que vêm com finais antecipados, quando você já tem uma data marcada no calendário há anos, circulada em vermelho e com estrelas douradas. Não é necessário discernimento para marcá-la, porque o momento é uma data e todos a conhecem: hora de se formar, de começar um emprego, de se aposentar, de se casar. É nesses casos que você está quase totalmente pronto (porque será que estamos totalmente, cem por cento prontos?) e, também, é a hora.

Às vezes, quando lhe dizem que chegou a hora, você é pego de surpresa. Não teve tempo para planejar ou se preparar e, decerto, não está pronto. Mas, mesmo assim, está na hora. A hora pode chegar, obviamente, com o toque do relógio ou com o dia do prazo final. Mas nosso corpo também sabe o que é pontualidade.

Desde a mais tenra idade, aprendemos o impacto de "pronto ou não, lá vou eu", com o jogo infantil de esconde-esconde, quando você duvida da sua escolha de esconderijo, pega aquele cobertor do sofá e se cobre de última hora, esperando que seja o bastante para ocultar seu pequeno corpo pelo menos por tempo suficiente para que quem está no papel de procurar encontre outra pessoa primeiro. Quando somos crianças, vivenciamos uma pontualidade simples e automática, como ao tentar não fazer xixi nas calças ou abafar o riso. Talvez não tenhamos encontrado o melhor lugar para nos escondermos, mas o tempo acabou, estejamos prontos ou não. Pontualidade é mandar os filhos para a escola pela primeira vez no jardim de infância ou deixá-los na faculdade. Pontualidade era eu no banheiro desordenado e sem janelas da vovó Morland, numa última visita antes de entrar no caminhão de mudança lotado a caminho de nossa nova casa em Iowa. Pontualidade foi escrever uma carta para os líderes de nossa igreja, não porque soubéssemos exatamente o que dizer ou mesmo porque nos sentíssemos prontos para escrevê-la, mas apenas porque já havíamos esperado tempo suficiente e sabíamos que não poderíamos seguir em frente sem essa última palavra, por menor e mais imperfeita que fosse. Pontualidade é 23h30 de um sábado.

O que mais esperamos é que a prontidão e a pontualidade se alinhem. Como em uma grande festa de aposentadoria após quarenta anos de serviço fiel, muitas vezes buscamos esse tipo de permissão poética para sair de um cômodo e entrar em um novo. Você está pronto e chegou a hora. Graças a Deus, não é necessário discernimento. É claro que você pode ter que lidar com sentimentos de tristeza ou perguntas sobre o que virá a seguir, mas não está confuso sobre se deve ou não sair desse espaço. Alguns finais acontecem dessa forma e, quando for assim, espero que você envolva seus lindos braços nesses momentos significativos e respire até a última parte comemorativa deles. Tire fotos, faça brindes, chore até se acabar pela gratidão de tudo isso.

A maioria de nós, na maior parte do tempo, tem uma coisa sem a outra. E, quando isso acontece, a lacuna entre a prontidão e a pontualidade se manifesta como nervosismo, antecipação, às vezes empolgação e alegria, outras vezes medo e tristeza. Podemos confundir o fato de não nos sentirmos prontos com a realidade de que chegou a hora. Ou achamos que não deve ser a hora simplesmente porque não nos sentimos prontos. Às vezes, é isso que nos mantém em cômodos. Sentimos tensão quando estamos prontos para ir, mas ainda não chegou a hora. E muitas vezes sentimos medo quando está na hora de ir, mas não nos sentimos prontos.

Ao nos rendermos às setas do discernimento, alguns pequenos rituais que podem nos ajudar ao longo do caminho são simples orações que envolvem respiração e mantras curtos.

Estou pronto, mas ainda não chegou a hora. "Como posso saber se chegou a hora?" A resposta curta é que talvez você não saiba *com certeza*. Mas pode saber *por enquanto*. Esse é meu mantra de duas palavras mais amado e usado. Uso "mantra" de forma bem vaga nesse contexto, simplesmente como uma afirmação repetida com frequência. Quando estou totalmente pronta, mas ainda não chegou a hora, repito essa frase como um lembrete, uma seta e uma oração. *Por enquanto* me lembra de que nem sempre será assim, que posso suportar algo, porque tudo tem data para acabar. Talvez eu não saiba exatamente quando será a hora certa, mas, ao olhar para o caminho atrás de mim, posso apontar e falar os momentos em que eu estava pronta, mas não era a hora. Até que, finalmente, o momento chegou. *Por enquanto* é uma seta que aponta para o lugar onde estou no momento, mantendo-me no presente. São duas palavras que, quando adicionadas ao que parece ser uma frase impossível, podem tirar a suposição implícita de *para sempre* e mudar meu foco levemente para o momento atual, que é o único que tenho.

Meus filhos estão sofrendo *por enquanto*.

Estou fazendo hora extra *por enquanto*.

Está me faltando uma válvula de escape para a criatividade *por enquanto*.

Não temos uma comunidade de fé *por enquanto*.

Não sei o que estou fazendo *por enquanto*.

Sinto que não me encaixo *por enquanto*.

Por fim, *por enquanto* pode ser uma oração, uma aceitação do estado de coisas e uma confiança de que não estamos sozinhos. Levar todos os nossos *por enquantos* a Deus pode servir tanto como uma confissão quanto como um alívio: "Não tenho respostas; não posso controlar os resultados; preciso de uma fonte fora de mim para me acompanhar nesse espaço intermediário". Já usei essas duas palavras como base para uma simples oração de respiração, que é uma forma antiga de oração contemplativa que coincide com sua inspiração e expiração. Também chamadas de "orações do coração", as orações de respiração não são extravagantes nem complicadas, e sim uma maneira de lembrar que Deus está conosco aonde quer que vamos, tão perto quanto o ar ao nosso redor e dentro de nós. Você pode escolher uma letra de música, um trecho das Escrituras, um poema, uma frase, uma palavra ou um mantra.

Se estiver se sentindo pronto, mas ainda não for a hora, aqui estão algumas orações que envolvem respiração que você pode pegar emprestadas para usar ao longo do caminho:

(Inalar) Por enquanto
(Exalar) Eu vou esperar.

(Inalar) Por enquanto
(Exalar) Estou amparado no amor.

(Inalar) Por enquanto, não tenho medo
(Exalar) Pois você está comigo.

Chegou a hora, mas não estou pronto. E se o oposto for verdadeiro? "Sei que está na hora, mas não estou nem perto de estar pronto." Em vez de uma prática de paciência, somos convidados a uma prática de coragem. Durante aquele verão de 2020, eu estava zero por cento pronta para responder aos tipos de perguntas que nossos filhos estavam fazendo sobre Deus, sobre eles mesmos, sobre a igreja e sobre o mundo. Não estava pronta para enfrentar a realidade do racismo sistêmico em nosso país e como ele havia se infiltrado nos sistemas dos quais eu fazia parte, mas já havia passado da hora de fazer isso. Não estava pronta para considerar as maneiras pelas quais a igreja (minha igreja) havia contribuído para prejudicar as pessoas da comunidade LGBTQIA+, mas já era hora de fazê-lo. Eu não estava pronta para deixar para trás uma igreja que ainda amava. Mas minha prontidão não importava. Estava na hora. E assim aprendi a seguir em frente mesmo sem estar pronta, mesmo desejando ter mais tempo, mesmo sem me sentir equipada ou preparada.

Os mesmos pequenos rituais também me ajudaram aqui: orações que envolvem respiração e mantras curtos. Da mesma forma que o *por enquanto* me ajudou a fazer um pouco as pazes com o fato de não ser a hora, o *abrir mão* me ajuda a fazer as pazes com o fato de não me sentir pronta. Vale a pena observar que *abrir mão* pode abranger o melhor e o pior de nós. Em nosso pior momento, temo que tenhamos contornado espiritualmente nosso caminho e chegado a uma acusação sorrateira e uma meta impossível. "Apenas abra mão e permita a ação de Deus. Confie e libere!" Ah, é? Bem, como exatamente devo fazer isso? Pode ser algo fácil de dizer, mas leva uma vida inteira para aprender a colocar em prática. Vamos parar de nos envergonhar por nos apegarmos quando sabemos que "deveríamos" abrir mão.

Abrir mão de minha insistência de que eu deveria saber tudo.

Abrir mão da ideia de como deve ser entrar neste cômodo.

Abrir mão da imagem do que um pai ou mãe mais inteligente e mais preparado deveria dizer ou ser.

Abrir mão da expectativa de que eu deveria me sentir melhor, pior, com mais paz ou mais raiva em determinada situação.

Abrir mão da minha ideia de como acho que deveria ser a prontidão.

Abrir mão é um convite para *deixar as coisas serem o que são* e para liberar meu controle sobre o resultado. *Abrir mão* não é uma regra ou uma repreensão, mas um convite fluido. Se parecer impossível abrir mão por um longo período, isso pode até ser combinado com outro mantra curto que já conhecemos: *abrir mão por enquanto*, neste minuto, onde estou agora.

Quando você estiver pronto, mas ainda não for a hora, acrescente *por enquanto*.

Quando for a hora, mas você não estiver pronto, acrescente *abrir mão*.

É aqui que uma oração que envolve respiração pode salvar o dia, e algumas outras que você pode usar se não se sentir pronto, mas a hora tiver chegado.

(Inalar) Aceitar como as coisas são.

(Exalar) Abrir mão do que não são.

(Inalar) Eu recebo você.
(Exalar) Eu acredito em você.

(Inalar) Abrir mão
(Exalar) por enquanto.

Você pode ver utilidade em outros mantras curtos, dependendo da sua situação:

Ainda não.
Esperar bem.
Ficar aqui.
Ser corajoso.
Sou bom.
Eu também.
Ir para.
Descansar bem.
Continuar sempre.
Para mim.
Olhar novamente.
Crescer devagar.

Não há mantra errado. A partir daqui, você pode escrever suas próprias orações de respiração usando esses mantras curtos ou outros que você mesmo escolher.

Não estou pronto e não está na hora. Algumas palavras finais para aqueles cômodos onde tudo está bem, onde você se encaixa, tudo se encaixa e não é necessário discernimento para ficar ou ir embora porque você sabe que está exatamente onde precisa — é quando não há necessidade de estar pronto porque não é hora.

Você está onde está e é bom estar lá. Ou, pelo menos, está satisfeito por estar lá por enquanto.

O mesmo vale para "Estou pronto e está na hora", como naqueles finais antecipados, naqueles momentos de clareza, naqueles conhecimentos profundos de que é o momento certo para fazer uma mudança ou tomar uma decisão de sair. Um mantra curto para quando a prontidão e a pontualidade se alinham é simples: "Muito obrigado".

Estamos em 2013, e estou sentada no banco de trás de um ônibus do aeroporto a caminho de uma conferência em Austin, no Texas. No ônibus comigo está minha amiga Melissa, que viaja como minha acompanhante, e um conhecido autor e pastor que vai palestrar na mesma conferência. É a primeira vez que o encontro pessoalmente, embora já tenha lido pelo menos um de seus livros. Somos praticamente estranhos, mas conversamos com facilidade sobre assuntos em comum, como escrever e ensinar. Enquanto viajávamos do aeroporto para o hotel, ele fez algumas perguntas e acabei compartilhando com ele nossa fase de vida. Conto sobre John ter deixado o ministério de jovens apenas alguns meses antes, após doze anos de serviço. Falo sobre como John tinha escolhido ficar em casa, trocando lençóis, lavando roupa e planejando refeições, e como ele está bem por enquanto, mas aberto e atento ao tipo de trabalho que pode vir a seguir. Eu lhe digo que adoro escrever livros, mas não tenho certeza do que isso significará daqui a cinco ou dez anos. E, na verdade, eu poderia fazer esse tipo de trabalho em qualquer lugar. Então, o que isso diz sobre o lugar que chamamos de lar? Tenho um milhão de perguntas que não estou fazendo em voz alta. Ele parece saber disso. Parece sentir as perguntas subjacentes e sorri antes de dizer uma frase que nunca esquecerei: "Você está na elipse".

Imediatamente, duas coisas acontecem. Primeiro, eu sei que ele está certo. E, segundo, não quero estar aqui, na elipse. Estou pronta para estar no meio do parágrafo, no meio do livro, cujo título, subtítulo e texto da contracapa eu conheço. Nesse momento, percebo como quero desesperadamente que minha vida seja escrita com tinta, preenchida, formada e finalizada. "Qual é o próximo passo, meu Deus do céu?"

Ouço quando ele começa a contar sua própria história e diz que está na mesma igreja há dezessete anos e que espera ficar lá até se aposentar. É uma língua estrangeira para mim. Até aquele momento, John e eu nunca havíamos nos sentido assim em relação a uma igreja, um imóvel ou um emprego. Aqui, no assento de um ônibus do aeroporto, ao lado de Melissa e de nosso novo amigo, percebo, talvez pela primeira vez, que quero sentir em relação à nossa vida, ao nosso trabalho e à nossa casa o mesmo que aquele homem sente em relação aos dele. Quero estar tão comprometida com uma igreja local, um emprego e um lugar que eu diria com confiança: "Eu poderia ficar aqui para sempre". Eu estava pronta para uma coisa certa. Mas não era hora.

Esse trajeto do aeroporto até o hotel aconteceu há dez anos. Ainda não experimentei aquela sensação de "eu poderia ficar aqui para sempre" que esperava naquele momento da minha vida. Agora, em vez de tentar encontrar um lugar para chamar de lar para sempre, ou um emprego, ou uma igreja, ou uma expressão criativa específica, estou aprendendo que, embora os lugares e espaços que cercam nossas vidas possam mudar com o tempo, um lugar com que quero me contentar em ficar para sempre é comigo mesma.

Eis algumas coisas das quais tenho certeza:

Sei que estar confiante sobre o que você quer fazer ou onde quer estar não garante que você conseguirá, assim como estar inseguro também não garante isso.

Sei que é possível estar enraizada, mesmo estando em movimento, assim como é possível estar dispersa, mesmo permanecendo em um só lugar.

Sei que ter dúvidas e perguntas sobre o que você quer fazer, ou onde quer morar ou quem você espera se tornar não significa que você não tenha um lar.

Sei que encontrar seu lugar não é uma decisão única e que descobrir isso é um trabalho lento e importante.

Em seu livro *Placemaker* [Criadora de lugares], Christie Purifoy escreve: "O lar nunca é simplesmente um limiar que você cruza. É um lugar que você faz e um lugar que pode fazer — ou desfazer — você".[3] Estou prestando atenção nos meus espaços cotidianos, como o lugar onde digito no computador em minha casa. Há anos, nosso quarto dos fundos é um quarto de hóspedes e, na metade do tempo, ele funciona como meu escritório. Só que não recebemos hóspedes com muita frequência. Percebi que estava me espremendo no canto do quarto com uma escrivaninha pequena demais que eu usava todos os dias para dar espaço a uma cama que era usada duas vezes por ano. Então, tiramos a cama e transformamos aquele cômodo em meu escritório. Fiz isso porque decidi dar uma segunda olhada e ser sincera sobre o que realmente estava acontecendo ali e qual era o lugar que eu realmente precisava criar. O cômodo continua no mesmo lugar de antes, mas agora tem um propósito maior. Não é sofisticado e nada do que está nele custou caro, mas criar esse espaço foi como uma declaração: "Este trabalho é importante. Você está nessa a longo prazo". Isso não quer dizer que ficaremos aqui para sempre, mas sim que estamos aqui *por enquanto*, por isso, vamos criar um lugar para o trabalho que nos sentimos compelidos a fazer.

Quando reflito sobre esses pequenos movimentos, a dádiva de criar um lugar vem ao meu encontro, porque há muito tempo, no banco de trás de um ônibus do aeroporto de Austin, eu ansiava pelo enraizamento que ouvi na voz daquele pastor, a certeza, a expressão de quem está sempre voltado para a direção do lar, de uma comunidade e de um lugar. Agora vejo como a resposta a esse anseio está ao meu redor. Ela não veio rapidamente, nem de uma só vez, e ainda há algumas coisas para as quais estou pronta, embora ainda não seja a hora. Apesar disso, é importante notar e nomear o que está aqui, o que aconteceu antes e o que espero para depois.

O que eu desejava naquele traslado do aeroporto é o que tenho desejado com frequência desde então, e tenho certeza de que você vai se identificar: segurança, enraizamento e a promessa de que eu havia encontrado meu lugar de uma vez por todas. O que descobri e ainda estou descobrindo nos dez anos seguintes é que, embora isso vá contra tudo o que aprendemos sobre plantas, as raízes são algo que podemos levar conosco para onde quer que formos. Um lar não é algo pelo qual temos de esperar. Lar é um lugar que podemos criar — mesmo quando temos dúvidas, mesmo quando não nos sentimos prontos, mesmo quando deixamos cômodos queridos, mesmo quando estamos em vários corredores. Quando estou me sentindo pequena, dispersa, insegura ou desconectada, descobri que a criação de lugares é uma prática fundamental. As orações de respiração e os mantras de duas palavras são uma maneira prática de fazer isso exatamente onde estamos.

Às vezes, estamos prontos, mas não está na hora. Outras vezes, está na hora, mas não nos sentimos prontos. Portanto, quando chega a hora e estou pronta, estou aprendendo a ser grata pelo alinhamento e a prestar atenção nos presentes que o momento oferece.

Se você estiver na elipse em sua vida neste momento, é verdade: você talvez tenha mais perguntas do que respostas. Talvez tenha mais sobrancelhas franzidas do que cabeças balançando em afirmativa. Mas há algumas coisas que você ainda pode escolher, como criar um lugar onde suas raízes estão faltando, como acreditar com certeza que Deus está com você, como fazer a próxima coisa certa com amor. Portanto, você continua a apontar e a falar, a avançar na lembrança do caminho que seguiu para chegar onde está agora e continua a se mover pelo corredor.

Um brinde ao fato de saber que você não é o único, mesmo que as pessoas ao seu redor pareçam já ter encontrado seu lugar.

Um brinde à sinceridade sobre o que é verdade hoje.

Um brinde a não olhar muito para o futuro ou viver muito no passado.

Um brinde a lamentar, celebrar e lamentar novamente.

Um brinde a experimentar a vida de Cristo de maneiras novas e inesperadas.

Um brinde a uma mesa mais longa, mesmo que, por enquanto, ela esteja apenas em seu coração.

9. Finais e encerramento

Rezo para que seu corpo tenha tudo de que precisa
e, se você não quiser cura, só rezo por paz.
Spencer LaJoye, "Plowshare Prayer"

Uma pergunta comum é: "O que você salvaria em um incêndio?". Anteriormente, eram os álbuns de fotos da família, mas isso não é mais tão necessário quanto antes, com todas as nossas fotos flutuando na nuvem. Ainda temos coisas que achamos que apanharíamos se a casa estivesse pegando fogo, mas, na urgência do momento, provavelmente acabaríamos agarrando algo aleatório, que estivesse próximo à porta, ou nada. Quando saímos de um cômodo ou entramos em um novo, algumas coisas podem ser levadas conosco e outras precisam ser deixadas para trás. Antes mesmo de podermos dizer quais são essas coisas, temos de reconhecer que algo terminou, seja porque fomos nós que saímos ou porque fomos nós que ficamos.

Talvez tenha terminado abruptamente e não tenha havido tempo para reconhecer, muito menos para lamentar ou celebrar.

Talvez tenha terminado mal e tenha sido muito difícil para nós. Talvez tenha terminado mal e tenha sido doloroso demais encarar a situação, então você não o faz. Ou talvez a vida tenha ficado agitada. Sim, você atingiu a meta, alcançou a linha de chegada, saiu do cômodo ou foi deixado para trás, mas havia um jantar para fazer e tarefas para executar e você nunca teve a chance de marcar o momento. Você não quis, não conseguiu ou talvez simplesmente não tenha percebido que precisava colocar um ponto-final em um término. Talvez já tenham se passado anos. Você simplesmente seguiu em frente sem reconhecer o cômodo, o que aconteceu lá, o que está acontecendo em você, tanto os presentes quanto os fardos. Quer seja uma despedida antecipada ou uma admissão sincera de que as coisas simplesmente não estão dando certo com um emprego, uma pessoa, uma função ou um projeto; quer essa nova separação seja algo que você escolheu ou algo que lhe foi imposto pelas circunstâncias, pode ser tentador passar apressadamente por esse final para a próxima coisa ou chafurdar na vergonha, no desânimo ou no desgosto pela forma como terminou. Em vez de se entregar aos extremos de ignorar o fato ou perseverar no que aconteceu, aqui está uma terceira maneira: retomar a narrativa. O final não define a história inteira, mas ele é importante e, às vezes, não percebemos o quanto porque nunca tivemos um desfecho.

Os finais vêm e vão, mas o encerramento é um luxo. Muitas vezes leva tempo, se é que o obtemos, e raramente se parece com o que pensamos. Achamos que o encerramento é uma lista de itens riscada, uma última passagem, um adeus gentil, palavras significativas, um reconhecimento do trabalho, do amor, da presença e/ou da contribuição. Imaginamos um fechamento lento e cuidadoso da porta, como o final da temporada de um seriado amado. Quando você receber um encerramento como esse, aceite sem hesitar. Mesmo quando as coisas não terminam da maneira que você gostaria, um encerramento imperfeito é melhor do que nenhum encerramento. Mas, às vezes, é preciso lutar por ele. Embora você tenha imaginado um laço de presente, o que recebe é um colar embolado. Nestas páginas, nem mesmo tentaremos desatar os nós. É uma tarefa tola, e não temos tempo para isso. Aqui trabalharemos para pegar esse colar embolado e aceitá-lo, abençoá-lo e talvez até mesmo estilizá-lo do jeito que está. Porque o encerramento não significa que tudo vai se resolver; trata-se de reconhecer o final. Como você pode encerrar um término? Ponha um ponto-final na experiência, nomeando o que está levando consigo e o que deixará para trás.

Dizem que, quando alguém morre, é importante usar a palavra "morrer". Não falecer, não ir para um lugar melhor ou alguma outra tentativa velada de evitar a palavra com M. Isso não é verdade apenas com relação à morte.

Ao falar sobre escrita, C. S. Lewis disse que é sempre melhor usar a palavra simples e direta. "Não *implemente promessas. Cumpra*-as".[1]

O padre e escritor católico romano Ronald Rolheiser diz que nos metemos em problemas sempre que não damos o nome correto às coisas.[2] Com finais, especialmente os complicados e cheios de nuances, é importante dizer com o máximo de clareza possível o que aconteceu. Com finais determinados, isso é mais fácil de fazer.

Ela se formou.

Ele se aposentou.

O trabalho temporário acabou.

Eles foram transferidos.

Eu me casei.

É mais difícil usar uma linguagem simples e direta quando o término foi forçado ou escolhido, mas é importante encontrar algumas palavras para isso.

Ela traiu.

Ele mentiu.

Eles nos expulsaram.

Eu mudei de ideia.

Nós decidimos ir embora.

Nós nos separamos.

Ela não vai voltar.

Quer você esteja indo embora ou ficando, a linguagem clara é fundamental para encontrar uma aparência de encerramento em um final. Decidir ficar pode ser um término em si, e há coisas que precisamos deixar de lado também. Se fizermos a prática de ALMA e discernirmos no corredor que é hora de dar meia-volta e ficar, faríamos bem em honrar os finais que podem surgir — o fim de um sonho ao qual nos apegamos, da maneira como as coisas eram antes, de como esperávamos que as coisas fossem ou de relacionamentos com aqueles que partiram dos quais sentimos saudade. Pode ser ainda mais difícil para quem fica, pois não é tão óbvio que algo acabou, e a dor e a perda que estão conosco no cômodo podem passar despercebidas e sem nome por um bom tempo. Ao considerar o que manter com você e o que deixar para trás, não se exclua. Tudo isso também serve para você.

Quando chegar a hora de sair de um cômodo, não importa o quanto você se preparou, não importa o quanto a saída é ou foi desejada ou planejada, não importa o quanto você implorou por libertação, haverá coisas que não poderá levar consigo. Elas simplesmente não passarão pela porta. Nosso trabalho aqui é começar a nomear o que são essas coisas — de forma simples, sem misturar palavras, sem rodeios.

Em primeiro lugar, você nem sempre pode levar consigo o tipo de clareza que advém do esclarecimento da história. Se o seu final envolver sistemas, comunidade, negócios, família, dinheiro ou amor (o que quase todos os finais envolvem), há uma boa chance de você ter de lidar com várias perspectivas, diferentes interpretações da história, opiniões mal informadas e fofocas. Mesmo que as coisas tenham terminado razoavelmente bem, você ainda poderá ter várias versões do quando, do porquê e como de sua saída. A história é pegajosa demais, complexa demais, grande demais para o tipo de explicação que você esperava. Continuarão sendo reveladas versões que você nem sabia que existiam. Você achava que a história era fácil de contar. Mas não existe uma narrativa linear que contenha todas as perspectivas de todos os envolvidos e, antes de chegar à porta, você percebe que a conversa se transformou em ruído. Você achava que tinha encontrado a caixa perfeita na qual levar o seu encerramento, mas o que você achava que tinha sido administrado simplesmente sai: sem cantos, redondo demais, afiado demais, um pouco torto e, além disso, vazando. Não há caixa que o contenha, nem bolsa que o cubra, nem braços grandes ou fortes o suficiente para carregá-lo. A realidade é que, quando você vai embora, raramente pode levar a clareza junto e nem sempre pode deixar a história completa para trás. Você queria encerrar o assunto, mas, em vez disso, recebe um final irregular, algo que paira no ar, lágrimas no elevador, uma sacola deixada à sua porta, uma mensagem sem resposta, um final sem um adeus.

Outra coisa que devemos deixar para trás é o arrependimento, todos os nossos "Por que eu fiz isso?" e "Por que eu não fiz isso?". "Por que fiquei tão envolvido naquela conversa? Por que fui compelido a dizer a verdade verdadeira? Por que eu não podia ficar em segundo plano e deixar que eles pensassem o que quisessem? Por que não me manifestei, não falei, não me pronunciei com mais frequência? Por que não disse o que eu realmente pensava antes? Como pude deixar que isso continuasse por tanto tempo?" Se você se sentiu choroso demais, tagarela demais, estoico demais, diferente demais do que imagina que deveria ter sido, isso pode ser deixado para trás.

Você também precisa deixar para trás os detalhes da história que nunca conhecerá. Os detalhes que estão por aí, mas que estão errados, mal informados, são enganosos. Você tem que deixar para trás as partes que aconteceram quando você não estava no cômodo, as conversas que tiveram sobre você e ao seu redor enquanto o que você amava desmoronava lentamente, um imperador sem roupas dançando entre os escombros. Quem dirá a eles agora que você se foi? A realidade é que você não sabe e saber não é sua obrigação. Talvez você tenha que se lembrar disso entre uma e mil vezes.

O que mais temos que deixar para trás? Às vezes, há coisas reais, não metafóricas. Quando saio de um cômodo, não importa o motivo, tenho a tendência de querer guardar anotações, livros, lembranças, cartas, álbuns de fotos, anotações em diários, roupas e outras recordações do período em que estive ali. Embora não haja nada de errado em guardar as coisas, o melhor propósito delas é nos levar ao sagrado — especificamente, como a experiência nos mudou e como nos formou. Todos sabemos que as coisas *não* são a experiência; são a evidência de que a experiência foi real. Embora possa ser adorável e curativo guardar lembranças significativas, considere se você tem coisas tangíveis às quais está se apegando e que agora podem ser deixadas para trás. Talvez haja também uma mala metafórica cheia de coisas que você queira se esforçar para deixar para trás. Será que você poderia deixar para trás a responsabilidade pelo bem-estar emocional de todos os outros? Precisa liberar o plano de cinco anos que nunca existiu? É possível abandonar sua compulsão de ficar se explicando? É hora de deixar para trás suas ideias muito pequenas sobre Deus?

Quando as coisas acabam, nem sempre torna-se claro o que fica e o que vai embora. Como, por exemplo, os nomes que carregamos enquanto ocupamos um cômodo. Fui chamada de muitos nomes ao longo de minha vida. Sou Emily P. Freeman profissionalmente; Em, para amigos e familiares; Emmy, para minha mãe; Bim, para minha colega de quarto na faculdade; e Bird, se você me conheceu no início dos anos 1990. Às vezes, somos nomeados por características específicas: sou lenta para processar as coisas e, durante anos, deixei que essa característica pesasse em meus ombros em vez de me liberar. Talvez para você o nome indesejado seja diferente: impulsivo, preguiçoso, mandão, desorganizado, emotivo ou sensível demais. E há também os nomes e títulos profissionais pelos quais trabalhamos e que conquistamos. Esses nomes têm peso e status. Alguns de nossos nomes nos assombram, e é por isso que estamos indo embora para começo de conversa. Mas outros nomes nos trazem orgulho e alegria, e não queremos deixá-los para trás. Professor. Pastor. Autor. Médico. Terapeuta. Contador. Jornalista. Investigador. Sócio. Empresário. Ordenado. Licenciado. Certificado.

Como Madeleine L'Engle disse sabiamente: "Eu ainda tenho todas as idades que já tive".[3] Da mesma forma que trazemos nosso eu de seis anos e nosso eu de dezesseis para a idade que temos atualmente, também carregamos todos os nomes que já tivemos, quer tenham sido gentilmente concedidos como um presente de amor, cerimoniosamente dados após anos de trabalho árduo ou criticamente lançados como um insulto cruel — aqui estamos nós, nomeados e presentes, tomando todas as decisões

da vida por meio das lentes que usamos por décadas, carregando-
-as para todos os nossos cômodos. Não importa se nossa partida
foi antecipada, forçada ou escolhida, os nomes que tínhamos nos
cômodos que ocupamos têm peso e mérito. Parte do trabalho de
encerramento é reconhecer esses nomes e, às vezes, abrir mão
deles. O fato de você discernir que é hora de deixar algo para
trás — um nome, uma caixa de lembranças, um título ou cargo
— não significa que era algo ruim de se ter. Pode até ter sido uma
coisa boa e útil que lhe serviu bem por um tempo, mas agora esse
tempo já passou.

A liberação da história, dos nomes, dos títulos e das narrativas
que acompanham os cômodos dos quais saímos pode trazer grande liberdade e alívio ou pode causar profunda tristeza e pesar.
É provável que seja uma mistura de ambos. Como é possível
sair pela porta quando isso significa que você também estará deixando para trás algo que, em algum momento, pareceu vital para
a sua identidade, talvez até para a sua sobrevivência? Talvez você
ainda se sinta assim. Uma prática útil para cultivar o encerramento é também reservar um tempo para nomear as coisas que está
levando com você.

Quando enfim chegou a hora e vendi minhas ações da empresa que ajudei a construir, fiz uma lista de todas as coisas que
estava levando comigo. É verdade: meu tempo naquele cômodo havia chegado ao fim, mas muitas partes daquele espaço em
particular agora faziam parte de *mim*. Na lista, havia principalmente nomes de pessoas, seres humanos gentis e brilhantes que
eu havia ajudado a contratar, com quem fizera a integração e com
quem havia trabalhado. Anotei os nomes dos escritores de nossa comunidade que eu nunca teria conhecido se não tivéssemos

fundado a empresa sete anos antes. Fiz uma lista das muitas habilidades práticas que desenvolvi ao coliderar a companhia, como me comunicar com clareza, resolver conflitos com uma equipe remota e ministrar um webinar. Melhorei na redação de determinados tipos de textos e no cumprimento de prazos quando a redação não estava muito boa. Aprendi a seguir em frente porque estava na hora, não porque me sentia pronta. São habilidades que terei para sempre e que levarei para todos os cômodos em que entrarei no futuro.

Isso se sobrepõe a outra categoria da minha lista — não apenas as habilidades que adquiri, mas também as áreas em que cresci. Algumas perguntas que fiz a mim mesma durante essa prática de encerramento foram: "Como resultado de meu tempo nesse cômodo, de que forma me tornei mais confiante? Como meu coração se expandiu por causa da minha experiência lá? O que aprendi que teria dificuldade de aprender de outra forma?".

Também trazemos conosco (e isso é menos desejável, mas não menos valioso) o conhecimento do que *não* fazer no próximo cômodo em que entrarmos. Porque é claro que sabemos que há muito a aprender com os mentores, professores habilidosos, companheiros compassivos e amigos leais que encontramos nos cômodos da vida. Acontece que você também pode aprender muito com uma pessoa que fez isso de forma ruim. Pode aprender muito sobre como não ser, o que não dizer e como é uma liderança ruim. Ao entrar em novos cômodos, estou aprendendo a não me centralizar em mim e em minha própria experiência. Isso não acontece naturalmente, mas requer prática e intenção. Estou aprendendo que fazer uma pergunta em geral é mais gentil do que fazer uma declaração, mas isso só vale se você realmente ouvir a resposta. São coisas que podemos trazer conosco, a sabedoria do que evitar.

Pare! 177

Às vezes, as coisas que trazemos não são necessariamente as que *queremos* trazer, mas devemos trazê-las mesmo assim. Se fomos feridos, se nosso coração foi partido, se um cômodo causou uma dor que não podemos reverter, traremos a lembrança e a cicatriz. Mais ou menos na metade de 2021, percebi que minha boca estava permanentemente franzida. Seria por causa da idade? Talvez. Mas também percebi que estávamos usando máscaras em público, não estávamos em ambientes sociais, e as pessoas fora da família não viam meu rosto inteiro havia mais de um ano. Literalmente, eu não precisava usar a máscara da personalidade e, assim, minha verdadeira face veio à tona. E, naquela época da minha vida, por causa do isolamento, das perguntas e do desgosto daqueles anos, meu rosto estava carrancudo. Isso nós levamos conosco.

Mas há uma coisa que ninguém pode tirar de nós, que nunca deixaremos para trás, que não está confinada a nenhum cômodo do passado, corredor atual ou cômodo do futuro — a pessoa que nos tornamos e estamos nos tornando. As pistas sobre nossa próxima atitude correta geralmente podem ser encontradas em nossa última atitude correta. Sempre achei que isso fosse verdade. As coisas sagradas que marcamos no final serão trazidas para nossos começos, não necessariamente por causa de algo externo que carregamos conosco, mas por causa da pessoa que nos tornamos. Quando as coisas terminam, nós saímos mudados. Seria bom dedicarmos algum tempo para prestar atenção nessas mudanças, marcá-las, honrá-las e ver como elas podem nos levar adiante.

Por mais que eu deseje que tudo possa ser guardado, nomeado e deixado para trás ou trazido junto, há uma última categoria que pode aparecer nos finais e nos impedir de sentir o encerramento. É o que chamo de categoria "perdida". É a ausência de algo que é borrado, inatingível, sem palavras e impossível de categorizar. Em todo final — feliz, triste ou indiferente —, algo é perdido. Mas, como muitas vezes algo também é ganho, é nisso que somos incentivados a nos concentrar. Trabalhamos arduamente para nomear as dádivas e os resumos positivos desses ganhos. Temos a tendência de querer contar as bênçãos, nomear as lições e compartilhar todas as maneiras pelas quais nossa dor foi usada para o bem. Talvez não haja nada necessariamente errado com esse desejo, mas ele pode nos impedir de lamentar o que merece ser lamentado. Algo sempre é perdido. E é importante deixar que as coisas perdidas fiquem perdidas. Honre o que você não pode nomear com espaço, compaixão e tempo.

Estamos no verão de 2017, e nossa família foi a Memphis para o aniversário da avó de John. Ela está fazendo cento e quatro anos. Desde que me casei, eu a conheço apenas como Budder, apelido que ela ganhou décadas atrás quando um dos primos de John tentou dizer *"grandmother"* [avó] e saiu "Budder". Nós nos sentamos com ela à beira da piscina em um Quatro de Julho quente e, como costuma acontecer quando estamos com ela, John começa a fazer algumas perguntas sobre sua vida e a conversa gentilmente leva a Deus. Isso sempre acontece com Budder. Para entendê-la, é bom conhecer um pouco de sua história.

Certa vez, quando lhe perguntamos de quais presidentes dos Estados Unidos ela se lembrava, Budder começou a pensar. "Bem, vamos ver. Eu me lembro do presidente Wilson…" E, enquanto ela falava alguns outros, imediatamente tive que pesquisar no Google as datas do mandato de Wilson: ele govenou de 1913 a 1921. Budder nasceu em 1913, apenas um ano após o naufrágio do *Titanic* e um ano antes do início da Primeira Guerra Mundial. Ela sempre teve prazer em contar sobre sua vida, mesmo quando duvida sinceramente que seja muito interessante. Como na

PARE! 179

ocasião em que ela nos contou, quase como uma reflexão tardia, sobre quando Elvis pedia ao técnico de futebol da escola local que acendesse as luzes do estádio à noite para que ele e seus amigos pudessem jogar.

"Então, se você passasse de carro pelo estádio tarde da noite e visse aquelas luzes acesas", ela dizia, "sabia que Elvis estava lá jogando bola com os amigos." Ok!

Naquele verão, se você perguntasse a alguém sobre Budder, essa pessoa diria que ela ama sua família, que ora por cada um de nós pelo nome todos os dias, que é voluntária em sua comunidade, que dá aulas na escola dominical de sua igreja para alunos do primeiro e do segundo ano e que é mais feliz quando está simplesmente em uma sala com aqueles que ama. Budder é famosa, mesmo que apenas em sua própria comunidade e em nossa família, simplesmente por ser ela mesma.

É claro que não posso resumir os mais de cem anos de sua vida. Não posso indicar um site bacana, uma biografia impressionante ou uma foto de rosto bem-feita (embora em sua juventude ela realmente se parecesse muito com Maggie Gyllenhaal, se quer saber minha opinião). Quando nos sentamos com ela à beira da piscina, não perguntamos sobre a espera, mas evidentemente é algo em que ela pensa muito por conta própria. "Todos os dias sinto muito prazer e me sinto fortalecida por um pequeno versículo que diz: 'Os passos Dele estão com você'. O que estou tentando fazer é me lembrar daquele versículo que diz: 'Espere no Senhor'."

Enquanto ela fala, gravo parte da nossa conversa em vídeo e, naquela tarde, compartilho a filmagem nos meus *stories* do Instagram. A curta série de vídeos de Budder que publiquei são até hoje as campeãs de mensagens no meu perfil. Desde então, tenho me perguntado por que aquela simples conversa repercutiu em tantos de nós.

Ela era perspicaz e extraordinariamente presente. Morava sozinha, dirigia sozinha para a igreja e para o supermercado, dava aulas. O marido dela morreu de derrame quando tinha apenas cinquenta e quatro anos, deixando-a sozinha com os quatro filhos. Budder nunca se casou novamente, vivendo sem um parceiro pelos cinquenta e cinco anos seguintes. Ela carregava sua mágoa em segredo e, se alguma vez guardou rancor, já o havia liberado fazia décadas.

Olho para o que sei sobre a vida dessa mulher que enterrou o marido e, mais tarde, o filho, pai de John. Ela viveu durante duas guerras mundiais, viu a eleição de dezoito presidentes com todos os seus triunfos e escândalos. Ela viveu muito tempo e foi fiel. Acho que foi isso que as pessoas viram nela nos *stories* do Instagram. Sim, foram sua personalidade, seu sotaque sulista e seu humor. Mas, principalmente, foi a sua fé.

Somos uma geração de pessoas cansadas, desejosas de ver evidências de que aquilo que esperamos em segredo vale a pena. Acreditamos, mas queremos ajuda em nossa descrença. Nossa alma sempre procura em silêncio por algo consistente, algo que permaneça mesmo quando tudo muda. Quando o encontramos, as lágrimas transbordam e nos pegam de surpresa.

No final da rua de Budder, há uma casa que mais de vinte milhões de pessoas já visitaram desde que foi aberta ao público: Graceland, a casa de Elvis Presley em Memphis. Eu poderia falar sobre a escadaria espelhada, o vitral de pavão na sala de estar, o quarto da selva estranhamente encantador, a cozinha impecável dos anos 1970, mas, como mais de vinte milhões de pessoas já visitaram essa casa, é provável que você já tenha visto tudo isso ou pelo menos tenha ouvido falar.

O que me chamou a atenção ao caminhar pela casa onde Elvis morava foi como, apesar de todas as suas conquistas, todos

PARE! 181

os prêmios, dinheiro, elogios e sucesso, ele ainda morreu no banheiro do andar de cima, jovem, doente e exausto. Budder nasceu vinte e dois anos antes de Elvis e viveu por quarenta anos depois de sua morte. A vida inteira dele cabe duas vezes e meia na dela. Mas, quando você deixa de lado a lenda e abre a cortina de borlas do sonho americano, vemos um homem que queria o que todos nós queremos: ser amado, estar seguro e pertencer. Ninguém está imune a isso. É só que alguns de nós têm mais dinheiro, talento e maneiras criativas de tentar obter o que mais desejamos.

A poucos quilômetros de Graceland, a casinha de Budder fica na esquina de um bairro tranquilo. Durante anos, ela morou lá sozinha, orando todo dia por sua família, vivendo fielmente da maneira que conhecia. Sua vida era uma vida de espera. Não tenho a pretensão de saber exatamente pelo quê. Mas sei que ela pensava sobre isso. Sei também que levou sua espera à presença de Deus.

Enquanto conversávamos naquele dia, uma frase que ela compartilhou ficou gravada em mim. Referindo-se à sua rotina matinal, ela declarou: "Há uma passagem bíblica que diz que o Senhor nos conduzirá passo a passo e suprirá todas as nossas necessidades. É a primeira coisa que faço quando acordo. Acendo o abajur e leio esse versículo". Enquanto falava, ela olhou para longe, levantou uma das mãos em direção ao rosto e sorriu. Como uma garotinha. Uma menina de cento e quatro anos.

Na manhã fria de 12 de janeiro de 2018, eu acompanhava as crianças em uma viagem de sua equipe de vôlei quando recebi uma ligação de John. "Tenho uma notícia triste", disse ele. "Budder faleceu."

A princípio, a notícia de sua morte me pareceu familiar, como se eu tivesse imaginado esse momento tantas vezes que quase parecesse uma lembrança. Ela não estava doente, mas, afinal de contas, tinha cento e quatro anos. Algo na voz de John me disse que havia mais, uma vírgula pesada pairando no ar entre nós.

E foi então que ele continuou:

"Houve um incêndio."

Imediatamente, me arrependi de minha aceitação inicial de sua morte e a peguei de volta como uma criança gulosa. "Um incêndio? Depois de todo esse tempo de vida? De jeito nenhum. Isso é inaceitável." Durante dias após essa conversa com John, tentei reconstruí-la em minha mente.

"O que meu marido falou exatamente? Ele disse: 'Houve um incêndio?'. Ou foi: 'Houve um incêndio na casa?'. Por que ele falou 'faleceu' e não 'morreu'?" Eu não deveria me importar com quais foram as palavras que John usou, mas isso não saía da minha cabeça e continuei a vasculhar minha memória nebulosa para tentar recriar a conversa.

É doloroso aceitar que, depois de cento e quatro anos de vida saudável e fiel, ela tenha morrido em um incêndio em casa. É confuso e triste que sua vida não tenha tido um final mais gentil. Choro toda vez que penso nisso. Ainda assim, acreditamos que Jesus estava com ela em seus momentos finais e a recebeu com ternura e grande alegria. Pelo menos, foi a essa conclusão que chegamos. Mas, nas semanas e meses que se seguiram à sua morte, lutamos como família com a realidade desconhecida de sua experiência no final.

Por que tinha que terminar daquele jeito? Não havia conclusão, apenas perguntas.

Para qualquer pessoa que esteja tentando se conformar com um fim repentino e trágico, pode ser como estar em um cômodo no qual você se contentou em ficar para sempre e que, figurativa ou literalmente, foi reduzido a cinzas ao seu redor. A falta de um encerramento disponível pode ser o que o mantém preso para sempre.

Pare! 183

Não tenho boas palavras para oferecer quanto a esse tópico, mas acho que é importante tentar ter *algumas* palavras. Muitas vezes, quando estamos de luto, especialmente depois de uma perda que outras pessoas não conseguem imaginar, elas dizem que não têm palavras. Eu mesma já falei isso e já pensei outras centenas de vezes. Mas um dos presentes que podemos dar às pessoas ao nosso redor é tentar encontrar as palavras, por mais imperfeitas que sejam. E uma das frases que me ajudou em um final é declarar que o fim não define a história inteira. Isso não quer dizer que os finais terríveis sejam bons. Na maioria das vezes, são apenas terríveis. Não é preciso haver uma lição, um motivo ou um lado positivo. Às vezes, uma nuvem é apenas uma nuvem. Mas esse final terrível não tem o direito de ser o único a se pronunciar.

As Escrituras não falam muito sobre esperar por coisas, resultados ou circunstâncias específicas. Em vez disso, temos o seguinte trecho do Salmo 27,14: "Espera no Senhor; anima-te, e Ele fortalecerá o teu coração; espera, pois, no Senhor". Deus muda nosso olhar, de um plano que esperamos para uma pessoa em quem podemos esperar. Não é isso que Deus sempre faz? Não foi isso que Budder disse? Para ela, viver era esperar. E para nós?

Eis o que sei: o que quer que eu coloque no centro da espera é o que carrega todo o poder. Não posso dizer que entendo totalmente o que significa esperar no Senhor, mas se é Deus quem me convida para isso, bem, deve haver esperança nisso.

Eis o que mais sei: Budder teve cento e quatro anos completos, complicados e lindos e uma manhã trágica que, na verdade, acabou sendo a mais gloriosa de toda a sua longa vida. Quando as coisas acabam, nosso coração pode se partir, especialmente quando o fim é inesperado, injusto ou inexplicável. O final é uma parte, mas não é o todo. Não deixe que o final roube a narrativa.

Você está sempre sendo formado, em cada começo, meio e fim. Antes de se apressar, reserve um tempo quando estiver pronto para refletir sobre o caminho percorrido.

Você consegue pensar em algo em sua vida que terminou sem alarde ou reconhecimento?

Existe algum ritual que você possa implementar, uma pequena maneira de colocar um ponto-final em um término de forma apropriada e vivificante?

Você precisa dizer um adeus formal, fazer uma pequena (ou grande!) comemoração ou simplesmente acender uma vela para marcar uma lembrança?

Como você cresceu de uma maneira que talvez não tivesse acontecido de outra forma?

O que você precisa levar consigo?

O que você é capaz de deixar para trás?

Onde você viu Deus ao longo do caminho?

Se não estiver pronto para falar sobre essas coisas, tudo bem também. O fato de algo ter terminado não significa que houve um encerramento. Reserve um tempinho para ficar em silêncio e se aquietar. Para ficar atento. Para testemunhar. Se você ainda não consegue ver uma nova faísca, um pequeno broto ou o início de algo novo, tenha coragem. Deixe que as coisas perdidas continuem perdidas. Peça o que você precisa saber. Permaneça aberto para ver as coisas de maneiras que você talvez não espere. Se nada vier, seja gentil consigo mesmo. Não paramos de viver só porque não temos certeza. Continuamos confiando em Deus, simplesmente fazendo a próxima coisa certa com amor.

PARTE 3
SOBRE MUDAR:
COMO ENTRAR EM UMA NOVA REALIDADE

O QUE IMPORTA MAIS DO QUE AS DECISÕES que você toma é a pessoa que você se tornou e está se tornando. Ao discernir se é hora de ficar ou sair, como é entrar nos cômodos (sejam eles novos ou familiares) como a pessoa que você é agora, não apesar de todos os cômodos em que você está e já saiu, mas por causa deles?

Andamos pela casa de nossa vida, apontamos e falamos o que vemos. Nomeamos quem está faltando e quem estamos nos tornando no processo. Levamos nossas perguntas e seguimos algumas setas, identificamos a diferença entre paz e evitação. Medimos nossa prontidão, questionamos a pontualidade e reconhecemos a importância do encerramento quando podemos obtê-lo. Em tudo isso, passamos a maior parte do tempo nomeando o que está terminando. Ao entrarmos em nossos últimos capítulos juntos, vamos nos concentrar em duas questões principais:

"O que está continuando?"

"O que está começando?"

Suas respostas a essas perguntas em qualquer época sempre informarão a maneira como você entra em um cômodo. Embora o caminho que o trouxe até aqui varie e as histórias que você carrega e conta sejam exclusivas para você e sua experiência de vida, ao entrar em um cômodo, você sempre traz seus pensamentos, seus sentimentos e seu corpo. Há muitos recursos para estudar e compreender esses centros de inteligência, e seria bom que você desse atenção a esses três. Esta não é uma jornada do tipo "escolha sua própria aventura"; ao contrário, é um convite para prestar atenção em todos os três — sua mente, seu coração e seu corpo — à medida que você avança na vida.

À luz do que está continuando e do que está começando, pergunte-se:

"O que estou pensando?"

"Como estou me sentindo?"

"O que farei em seguida?"

Embora todos nós tenhamos pensamentos, sentimentos e o instinto de agir, não acessamos todos esses três centros de inteligência na mesma ordem. Um deles virá mais naturalmente, outro nos dará apoio e outro teremos de nos esforçar mais para acessar. Alguns de nós sentem em primeiro lugar, outros pensam e há aqueles que agem. É claro que há benefícios e ônus em nossa maneira única de ver o mundo. O problema surge quando pensamos que nossa maneira está errada e a maneira de outra pessoa está certa, ou vice-versa. Quanto mais eu cresço, mais vejo como o ser humano é realmente diferenciado. Liderar com um não é melhor do que com outro. Talvez todos nós precisemos reescrever as narrativas em que passamos a acreditar sobre os ônus de nosso próprio caminho. Dizem que quem sente é sensível demais. Dizem aos pensadores que somos muito frios. Dizem aos que fazem que somos apressados. No entanto, entrar em um cômodo como nós mesmos significa tanto assumir a dádiva de nosso próprio jeito quanto estar aberto a crescer de uma nova maneira. Ou seja, aprender a integrar todos os três centros de nossa inteligência, usando nosso acrônimo ALMA como guia.

- ● Apontar e falar.

- ◄ Lembrar seu caminho.

- ○ Manifestar a presença.

- ➤ Aceitar a direção das setas.

10. Entrar como líder

Você fará o que puder até não poder mais,
e então adormecerá no peito daqueles que o amam.
Cole Arthur Riley, *This Here Flesh*

Na tarde da Sexta-feira Santa de 2021, sentei-me diante de uma das Estações da Via Sacra e pensei na crucificação de meu amigo Jesus. Chorei sozinha, bem ali naquela cadeira dobrável de metal em um santuário desconhecido em uma igreja que não era a minha. Passaram-se vários meses após nossa partida e, embora tivéssemos visitado diversos lugares, não havíamos encontrado uma nova igreja para chamar de lar. Às vezes, passavam-se semanas sem que eu visitasse uma igreja. Mas somos pessoas que frequentamos cultos, admitimos, e o desejo profundo de ter um lugar e uma comunidade aos quais pertencer estava sempre comigo.

Durante esse período, compartilhei um pouco nas mídias sociais sobre havermos deixado nossa igreja, principalmente porque eu ainda recebia um punhado de mensagens de leitores gentis que estavam se mudando ou visitando a área e queriam me dizer que haviam visitado nossa igreja e perguntar se poderíamos nos conectar. Eu não podia fingir que ainda estava lá quando isso não era mais verdade. Por outro lado, não queria tratar do assunto publicamente. Eu não estava pronta e não era hora.

Nesse meio-tempo, estávamos encontrando comunidades em lugares improváveis, entre pessoas bonitas com rostos alegres, que refletiam a imagem de Deus. Algumas dessas pessoas eram amizades preservadas mesmo depois que nosso cômodo em comum foi perdido, incluindo vários casais que ainda frequentavam a igreja que havíamos deixado. Eles amavam nossa família e entendiam por que precisávamos ir embora. Eles honraram nossa decisão de sair, assim como nós honramos sua convicção de ficar. Durante aquele período, mantivemos contato com outras pessoas que estavam fazendo perguntas semelhantes; algumas delas haviam deixado suas próprias igrejas, mas ansiavam por uma conversa significativa em torno de um amor comum por Cristo. Nós os convidamos para ir a nossa casa, nos sentamos em círculos silenciosos e distantes em torno da pintura do pródigo de Rembrandt, compartilhamos reflexões ponderadas e trocamos perguntas enquanto olhávamos para os vermelhos e amarelos sombrios da arte. Nós nos sentamos a mesas de jantar, nos reconectando com amigos de duas igrejas atrás, trocando histórias sobre paternidade, amizade e como gostamos de macarrão. Ficamos ao redor de fogueiras no jardim, abrindo espaço para novos companheiros de viagem. Alguns deles já eram nossos conhecidos, outros não. Nos sentamos juntos, John e eu, a inúmeras mesas matinais, em um luto e uma esperança compartilhados, e em um aleluia fragmentado. O que poderia vir em seguida? Quem poderemos encontrar nesse deserto? Em torno de que outras fogueiras estávamos sendo convidados a nos sentar? Que outras chamas estávamos nos sentindo compelidos a acender?

Na maioria das vezes, eu não tinha frases completas para compartilhar sobre tudo isso, sobre nossa hesitação em confiar nas pessoas, nossa solidão na criação dos filhos, nossa falta de respostas para perguntas grandes e importantes. Mas o que eu tinha era um coração que estava se abrindo de uma forma boa. Como alguém que regularmente compartilha palavras na internet, tentei estender a esperança de companheirismo a qualquer outra pessoa que estivesse sentindo a dor da solidão, o anseio por Deus que dava as mãos com perguntas profundas e esperança brilhante. Mas fazer isso sem compartilhar detalhes ou trair confidências era uma tarefa muito difícil. Em meio a tudo isso, Jesus permaneceu simples para mim. Jesus — meu amigo mais verdadeiro em meio a um período de anos de pernas para o ar. Isso é totalmente verdadeiro. O que também é totalmente verdadeiro é que eu estava em uma época de descobrir como Deus é, sondando o terreno para ver se o Deus que Jesus conhece ainda poderia lidar conosco, imaginando se eu deveria estar fazendo mais, dizendo mais, vacilando entre o que eu sabia sobre o amor e não saber ao certo se poderia confiar nele. E havia também a realidade de não ter uma igreja para chamar de minha enquanto vivia no Cinturão da Bíblia.

Às 11h17 de um domingo, dirigi, sem tomar banho e desarrumada, para deixar doações no Exército da Salvação. Depois de quase um ano confinados, sem viajar, com todos em casa, fizemos uma grande faxina nos armários e nas gavetas, organizando nosso lar como uma forma de controlar pelo menos uma coisa. Mas, como sempre frequentei a igreja, estar sem tomar banho e sem pressa em uma manhã de domingo era profundamente estranho. Eu não adorava aquela sensação, mas também não odiava.

Acontece que, no domingo às 11h17, o Exército da Salvação está fechado. Voltei para casa com o carro cheio de itens que não conseguiram ser doados, sentindo-me como uma rejeitada, uma sensação crescente e familiar que voltava a surgir. Era como um sonho recorrente em que você falta à escola no dia da prova de matemática, como se eu tivesse um compromisso do qual me esqueci, como se estivesse aqui, mas devesse estar lá. "Será que acabei de ser humilhada pelo Exército da Salvação?" Naquele dia, embora parecesse que eu estava vivendo no final de uma história, a realidade era que eu estava na elipse. Sim, algumas coisas tinham acabado, mas a história não havia terminado. Eu não ficaria levando coisas que não queríamos mais para o Exército da Salvação em uma manhã de domingo para sempre. Entretanto, era isso que eu estava fazendo por enquanto.

Ainda assim, eu estava ciente de como isso poderia parecer para quem estava de fora, o que as outras pessoas poderiam pensar. Lá estávamos nós, John e Emily Freeman, ele tendo sido pastor em duas igrejas locais no passado, eu sendo autora de muitos livros baseados na fé. Lá estávamos nós, tendo acabado de deixar a igreja que frequentamos por sete anos, onde liderávamos um pequeno grupo e éramos voluntários nas manhãs de sábado, onde eu havia falado no último retiro de fim de semana para mulheres, onde John havia feito parte da equipe de pregação, onde éramos dignos da confiança e amados por pessoas que também amávamos e em quem confiávamos. Lá estávamos nós, duas pessoas que tinham mestrado, o dele em ministério pastoral e o meu em formação espiritual. E lá estávamos nós, em casa em uma manhã de domingo, sem ninguém se perguntando onde estávamos, sem um lugar ao qual pudéssemos pertencer plenamente. Será que deveríamos ter esticado a corda do sistema por mais tempo para ver se ela aguentaria? Será que agimos com pressa? Será que tomamos a decisão errada?

Uma das coisas que podem nos manter hesitantes em mudar de ideia, em sair de ambientes antes amados ou em entrar com confiança em novos ambientes é o medo generalizado do que os outros vão pensar. Dizem que o oposto de agradar as pessoas é aprender a não se importar com o que elas pensam. Mas isso seria apenas outro tipo de erro. Aprendi que não preciso parar de me preocupar com o que as pessoas pensam. Estou aprendendo a me importar de uma maneira diferente. Estou aprendendo que o oposto de agradar as pessoas é a liderança. É hora de ampliar nossa definição de liderança para incluir os espaços em que não estamos no comando. Isso começa com a liderança de nós mesmos em primeiro lugar.

Quando menciono para as pessoas que eu e John adoramos assistir aos programas *Survivor* e *American Idol*, a resposta delas geralmente é: "Como assim? Achei que esses programas tinham saído do ar há anos". Ah, não, meu amigo. Até o momento em que escrevo este livro, ambos ainda estão em alta. Durante vinte e dois anos, o reality show sem roteiro *Survivor* testou os limites da capacidade humana, forçando as pessoas a tomar decisões complexas e atender a demandas físicas extremas com uma quantidade limitada de recursos. É fascinante assistir a esse experimento humano, os esforços que as pessoas fazem para vencer, as conexões que criam em um ambiente cheio de pressão que talvez nunca criassem na vida normal. Como alguém que presta muita atenção no papel que nossas decisões desempenham em nossa formação, sou uma verdadeira fã de *Survivor*.

Minha parte favorita do *American Idol* são as primeiras semanas, durante as audições, quando jovens cantores aparecem para se apresentar diante dos juízes, na esperança de conseguir uma passagem até Hollywood para continuar na competição. Ainda me lembro de onde eu estava quando assisti à primeira vencedora do *Idol*, Kelly Clarkson, usando uma blusa feita a partir de uma calça, cantar "At Last" em sua audição de 2002 diante de Simon Cowell, Randy Jackson e Paula Abdul (eu disse que Kelly seria a vencedora no primeiro dia!). Naquela época, o programa tinha um clima diferente. Parecia ter um orçamento meio baixo, era marcado por muito azul-neon, e os cantores talentosos e os nem tanto recebiam o mesmo tempo no ar.

Isso foi há quase vinte anos, e o *American Idol* evoluiu, redefiniu-se e reformulou sua marca. Agora, embora ainda haja audições malucas, elas são menos frequentes. Quando permitem que uma audição boba vá ao ar, os jurados Luke Bryan, Lionel Richie e Katy Perry encontram uma maneira de brincar e apoiar a pessoa, mesmo que gentilmente digam que ela não irá para Hollywood.

A estreia da 19ª temporada apresentou a audição de uma filha de duas figuras políticas de alto nível. Ela parecia querer fazer seu nome separadamente deles — pelo menos foi assim que o programa a apresentou. Aos dezesseis anos, apesar de estar de cabeça erguida, ela não conseguia esconder o quanto sua confiança era baixa, a juventude e a insegurança bem acomodadas em uma calça de couro preta. Ela cantou sua primeira música e eu achei muito boa, mas os jurados a incentivaram a cantar uma segunda. Depois de tirar os sapatos e se soltar, seu desempenho foi ainda melhor, mas ela ainda parecia insegura. Quando terminou, Katy olhou para ela com atenção e deu um bom conselho: "Tem ruído demais na sua vida. Você tem que acalmar a tempestade que está ao seu redor, ou seja, antes de cantar, precisa desligar o celular. Precisa parar de ler comentários, deixá-los de lado, porque, caso contrário, talvez nunca supere seu pai e sua mãe. A escolha é sua".[1]

Assim como essa jovem, todos nós temos a capacidade de viver nossa vida de tal forma que nos esquecemos de quem somos, apressando nossos minutos, procurando a próxima coisa importante, excessivamente atentos ao que as pessoas pensam de nós e viciados em nossa própria mensagem. Mas lembre-se: o antídoto para agradar as pessoas não é se recusar a se importar com o que elas pensam. É aprender a se importar de uma maneira diferente. Naquela manhã de domingo, voltando para casa depois de dar com a cara na porta no Exército da Salvação, eu estava continuando o trabalho de aprender a me importar de uma maneira diferente, embora não tivesse dito isso na época.

Em seu livro *A Failure of Nerve* [Um fracasso dos nervos], Edwin Friedman escreve sobre liderança na era das soluções rápidas. Ele escreve sobre os sistemas de famílias e instituições, e chama a atenção para os pacificadores — aqueles que são altamente ansiosos e evitam riscos. Descreve esse tipo de líder como alguém "mais preocupado com os bons sentimentos do que com o progresso, alguém cuja vida gira em torno do eixo do consenso, um 'intermediário', alguém que é [...] incapaz de tomar posições bem definidas".[2] Ele afirma que, embora esses tipos de líderes "costumem ser 'simpáticos', se não encantadores", eles não têm a capacidade (ou melhor, a disposição) de coexistir com conflitos ou com a ansiedade dos outros. O antídoto para o pacificador é o que Friedman chama de "líder bem diferenciado", alguém que sabe como liderar a si mesmo.

Um líder bem diferenciado tem clareza sobre seus valores pessoais essenciais. Ele pode estar *separado* dos outros e, ao mesmo tempo, permanecer *conectado* com eles. Consegue administrar suas próprias reações emocionais e, portanto, é capaz de tomar posições, falar e correr o risco de desagradar. O que mais conta não são as habilidades ou técnicas específicas de liderança,

PARE! 199

mas a capacidade do líder de estar presente e engajado mesmo quando o sistema (ou o grupo) não está satisfeito.

O que Katy Perry disse àquela jovem participante é basicamente isto: lidere a si mesma primeiro. Esteja presente e em sintonia. Não para o sistema ansioso e inconstante de comentaristas com suas curtidas, compartilhamentos e opiniões; em vez disso, seja você mesma, sem a permissão do sistema ansioso.

Agradar as pessoas é uma evidência de um sistema emocional doentio e não é um hábito ruim do tipo "deixe para lá, isso não vai te fazer tão mal assim". Quem está preso em um vórtice de se importar profundamente com o que as outras pessoas pensam é mantido cativo em um sistema que tem medo demais de questionar. A satisfação das pessoas é um problema sério e um câncer perigoso e, se você não tiver a coragem de nomeá-lo e a clareza de rejeitá-lo, o prognóstico é sombrio. Isso o está impedindo de fazer seu melhor trabalho e de descansar melhor, além de sabotar sua liberdade.

E eis o segredo que ninguém nos conta sobre agradar as pessoas: na verdade, isso não agrada ninguém. Quando você está tentando agradar em vez de se esforçar para discernir a partir de um lugar centrado e presente, seu trabalho nunca será suficiente. Ele sempre o esgotará e nunca agradará plenamente as pessoas ao seu redor. Ninguém ganha e ninguém fica livre. O que as pessoas feridas e ansiosas mais precisam não é de você como elas acham que deve ser, mas da presença sólida de um líder bem diferenciado que insiste em estar bem com ou sem o consentimento delas. Isso é tão verdadeiro para um pai quanto para um presidente.

Quando você começa a entrar em um cômodo, seja um cômodo em que já entrou mil vezes antes ou um em que está entrando pela primeira vez hoje, aqui estão três maneiras de entrar como líder, mesmo quando não estiver no comando:

Primeiro, você precisa saber quem é. Minha querida amiga dra. Natasha Sistrunk Robinson é formada pela Academia Naval dos Estados Unidos, visionária e fundadora da Leadership LINKS (uma organização de educação sobre liderança), além de ser uma palestrante internacional muito requisitada, consultora de liderança e autora. Em uma conversa, ela disse algo que eu nunca esqueci: "Há alguns lugares onde você não pode ir para se encontrar, para descobrir quem você é. A única maneira de sobreviver é já saber quem você é quando chega lá". Se continuarmos a entrar em cômodos sem saber quem somos, poderemos ficar presos em um ciclo de olhar ao redor para descobrir isso, em vez de olhar para dentro, para nossa vida com Deus, para a imagem de nossa identidade, para nosso eu mais verdadeiro e novo.

Em segundo lugar, quando você sabe quem é, precisa ter ritmos para praticar isso. Quais valores essenciais são vitais para o seu bem-estar, de modo que, se você os esquecesse ou os deixasse de lado, não estaria vivendo uma vida integrada? O que precisa ser verdadeiro em seu ritmo de vida para que você possa se mostrar como a pessoa que é e não ser tão facilmente movido, persuadido ou influenciado a ser quem não é? A quais mantras curtos e orações que envolvem respiração você retorna em momentos de confusão, perturbação, medo, raiva ou vergonha? Criar um ritmo de vida que o ajude a ensaiar ser você pode parecer estranho, mas é apenas uma maneira diferente de nomear os ritmos espirituais que nos dão vida.

Terceiro, depois de saber e praticar ser quem você é, também é preciso aprender a fazer as pazes com a crise. Não quero dizer que você tenha de viver em um estado de emergência constante ou que precise aceitar o fato de que os problemas existem e que você não deve fazer nada a respeito. Mas sua função nem sempre é consertar tudo. Friedman escreve:

Viver com crises é uma parte importante da vida dos líderes. As crises se apresentam em duas variedades principais: (1) aquelas que não são criadas por eles, mas que lhes são impostas de fora ou de dentro do sistema e (2) aquelas que são realmente desencadeadas pelos líderes ao fazerem exatamente o que deveriam estar fazendo.[3]

O fato é que a maioria das crises não pode ser simplesmente resolvida e, às vezes, quando fazemos a próxima coisa certa, quando saímos de um cômodo e entramos em outro ou ficamos para trás quando todos saem, isso pode, na verdade, *causar* a crise que esperávamos evitar. É mais uma razão pela qual precisamos saber quem somos, ser capazes de nos autoliderar e permanecer em um ponto fixo até onde formos capazes. Parte desse trabalho é discernir entre a verdadeira paz e a prevenção do desconforto, conforme falamos no Capítulo 7. É a sua presença bem diferenciada, não a sua técnica sofisticada ou a sua capacidade de agradar todos, que fará a maior diferença. Quanto mais cedo você se der conta de que é impossível agradar todos, mais bem equipado estará para se apresentar como você no mundo, com confiança e paz.

Entrar em um cômodo como líder significa desenvolver paciência para seguir as setas quando o que você realmente quer é uma resposta. Significa saber a diferença entre paz e evitação. Significa aprender a tomar decisões porque chegou a hora, não porque você se sente pronto. E significa desenvolver a prática de esperar mesmo quando você está pronto, mas sabe que ainda não é a hora. Significa saber e nomear quando algo terminou, desenvolver a prática de criar o encerramento de que você precisa e honrar o encerramento que nunca terá. Esses são alguns marcadores que você pode apontar para saber que está começando a abraçar sua própria marca única de liderança nos cômodos em que está entrando e naqueles que deixou para trás.

Estamos em janeiro de 2022. Amigos e colegas estão reunidos em minha casa, entre eles um homem que conheço há muitos anos. No meio da conversa, ele diz algo de que discordo profundamente, algo que insulta pelo menos três pessoas na sala e populações inteiras de pessoas fora dali. Instantaneamente, meus pensamentos e sentimentos são ativados enquanto meu corpo se fecha; sinto isso acontecendo. Não consigo encontrar minha voz, não consigo ouvir o que vem a seguir. Meu coração está batendo forte. Há um som de onda em meus ouvidos. "Alguém mais está ouvindo isso? Que estrondo!" Olho de relance para uma amiga em quem confio. Ela faz um gesto e nós duas saímos da sala. É a única atitude que sei tomar no momento.

Do lado de fora, minha respiração se acelera e meus olhos se arregalam e se tornam alertas. A vergonha toma conta de mim, enchendo meus membros e depois faiscando na superfície. Aqui estou eu, em minha própria casa, e não posso refutá-lo. Estou tremendo agora, com o coração batendo forte. "Sério, alguém está ouvindo isso? Alguém está *me* ouvindo?" Claro que não, porque estou em silêncio. Não digo uma palavra.

Minutos se passam e algumas pessoas saem da sala atrás de mim, tão desconcertadas quanto eu: olhos arregalados, cabeças trêmulas. O cheiro de arrogância e o orgulho da certeza permeiam o ar em minha própria casa. Não consigo encontrar minha voz para me levantar, para falar, para dizer palavras para contestá-lo. Sinto-me covarde.

E, portanto, há versões de nosso passado das quais ainda nos envergonhamos, que ainda lastimamos.

"Você deveria ter sido melhor."

"Deveria ter dito algo."

"Você deveria ter defendido as pessoas nas quais diz acreditar e que diz apoiar."

É verdade que eu deveria ter feito tudo isso. Mas o que também é verdade é que eu não fiz. E não tenho certeza de que tivesse as ferramentas para fazê-lo na época. O crescimento nem sempre é imediato e nem sempre é linear. À medida que crescemos e nos tornamos a pessoa que estamos nos tornando, nossas ações podem ser as últimas a nos acompanhar. Sim, eu me importava com o que as pessoas pensavam, provavelmente até demais. O retrospecto usa óculos de cores vivas, fortalecidos pelo tempo, pelo crescimento e pela perspectiva. Se aquilo acontecesse agora, gostaria que eu me comportasse de forma diferente. Mas aconteceu naquela época, e eu não estava preparada. É possível que haja liderança nisso também?

Naqueles momentos, liderança significava prestar atenção nos meus pensamentos, sentimentos e corpo. Liderança significava sobreviver, cuidar e fazer o que eu podia. Agora a liderança parece diferente. Agora parece que estou tendo compaixão de mim mesma por não saber o que dizer ou como dizer bem. E parece que é estender essa mesma compaixão aos outros quando eles reagem de uma forma que talvez eu não entenda. Agora tenho mais ferramentas, mais espaço e mais graça para mim mesma. Mas, naquele dia, eu não estava pronta. E ser capaz de nomear isso, perceber e honrar esse fato? Isso também é liderança.

Eu antes achava que ser um bom líder significava ter respostas, falar com autoridade e ser capaz de defender suas decisões em todos os momentos, incluindo o que você acreditava sobre Deus, o mundo e praticamente todo o resto. Eu achava que nosso trabalho como cristãos era estudar teologia e depois descobrir a maneira correta de aplicá-la em nossa vida cotidiana. Acontece que essa é uma maneira de se conectar com Deus, mas não a única. E é uma perspectiva um tanto privilegiada. E as pessoas analfabetas? E as comunidades de pessoas que estão isoladas? E aqueles que estão à margem, sem acesso aos livros e aos estudiosos? Será que estão destinados a viver um tipo de vida inferior, que não pode ser formado à semelhança e à bondade de um Deus amoroso, presente e dinâmico? Não pode ser assim.

Quando estiver resolvendo as coisas em sua mente e tiver a sensação de que *algo não se encaixa aqui, algo não está correto*, preste atenção. Pode ser um sinal de alerta para uma seta que o levará à próxima coisa certa. Você pode estar encontrando a presença real do Divino, mas ainda não aprendeu a teologia, o estudo de Deus, que lhe dá uma linguagem para descrevê-la. Eu gostaria de ter sabido antes que existe uma linguagem mais profunda do que as palavras.

Sou uma pessoa que ama a linguagem. Fiz meu curso de graduação em interpretação educacional para surdos e, após a formatura, obtive uma certificação nacional como intérprete de linguagem de sinais. Estudar um idioma para obter um diploma significa que você passa a conhecer não apenas a língua que está aprendendo, mas também o idioma nativo do qual está interpretando. Você presta atenção nas nuances, na sintaxe, no tom e no timbre das palavras e frases faladas para que possa representá-las com precisão na linguagem de sinais. Embora eu tenha deixado o cômodo profissional de intérprete de língua de sinais há muitos anos, ainda respeito a língua e seu papel na cultura surda, e adoro observar intérpretes habilidosos fazendo seu trabalho.

PARE! 205

Sei que algumas pessoas podem achar que os intérpretes estão exagerando com todas as expressões faciais e movimentos aparentemente excessivos. Sei que, quando os vemos na TV, talvez não entendamos as caretas, as inclinações para a frente e para trás. Mas o que posso dizer é que, na língua de sinais norte-americana, uma declaração feita com uma sobrancelha levantada significa algo completamente diferente da mesma declaração feita com as sobrancelhas franzidas. Assim como enfatizar certas palavras em inglês pode mudar o significado de uma frase, as mesmas regras se aplicam à língua de sinais norte-americana. Um movimento de mão pode representar uma expressão idiomática totalmente desenvolvida com história e contexto. Um olhar pode comunicar toda uma vibração. A língua falada e a língua de sinais transmitem significado, mas o significado não é transmitido somente por meio desse tipo de linguagem organizada.

O que estou descobrindo (com grande prazer e admiração) é que ser cristã significa que estou ciente de um convite para prestar atenção na minha vida e em como e onde Deus está se movendo entre nós. Melhor ainda se eu conseguir nomear isso e encontrar a teologia que se aplica. Significa entender que a teologia não pode ser separada da humanidade. Significa que, muitas vezes, há um mistério além do que tenho a capacidade de apontar e falar, ou às vezes dar uma linguagem falada, mas isso não significa que seja menos real.

Em seu livro *Leaving Church* [Saindo da igreja], Barbara Brown Taylor escreveu sobre como o fato de estar ao lado de uma fonte trouxe esses pensamentos à mente:

> Como aquilo funcionava era um completo mistério para mim, mas não havia como negar o efeito. O simples fato de estar perto daquela fonte era uma experiência de águas vivas.

Mais tarde, eu descobriria a teologia celta que acompanhava a experiência, na qual o "grande livro" da criação de Deus é reverenciado juntamente com o "pequeno livro" das escrituras sagradas de Deus.[4]

Brian Zahnd nos dá uma metáfora sólida e transformadora em seu livro *When Everything's on Fire* [Quando tudo está em chamas]. Ele fala sobre casas teológicas, sobre os espaços que construímos (ou que são construídos ao nosso redor), seja de propósito ou não. É natural que, sempre que dizemos algo em que acreditamos sobre Deus, algo que temos certeza de que é verdadeiro, estejamos construindo nossa própria casa teológica. Fazemos isso sem pensar e, embora grande parte da casa possa ser sólida, às vezes a que estamos construindo tem cantos escuros, um alicerce bambo e vigas de sustentação excessivamente confiantes feitas de madeira oca. Ele escreve sobre sua própria experiência:

> Após meu encontro inicial com Cristo, comecei a construir minha casa teológica. Toda vez que eu formava uma opinião sobre Deus ou ousava afirmar que Ele era de determinada maneira, eu estava construindo minha teologia — mesmo que quase não tivesse consciência de estar fazendo isso. Eu não pensava em mim mesmo como se estivesse construindo uma teologia. Eu simplesmente pensava: *Essas são as coisas que sei sobre Deus* (sejam elas verdadeiras ou não) [...]. Por cerca de 25 anos, minha casa teológica era, digamos, adequada. Ou era o que eu achava.[5]

Essa é, para mim, uma metáfora profundamente útil. A casa pode funcionar em uma época de nossa vida ou jornada de fé.

PARE! 207

Mas sei o que significa os cômodos da minha casa teológica começarem a parecer um pouco obsoletos, com o papel de parede descascando nos cantos, a mobília deixando o espaço um pouco apertado demais. Isso não significa que a casa era ruim ou que eu tenha falhado em mantê-la, mas que uma parte normal da fé é continuar a crescer em Deus. Às vezes, isso significa que é preciso reorganizar a casa. É um fim, mas também um começo.

Ao ouvir minha própria vida e prestar atenção nos cômodos em que estou entrando, fico esperando encontrar o cômodo teológico exato ao qual pertencer. Embora o enraizamento de minha fé permaneça o mesmo, a maneira como falo sobre ele mudou. Ainda que meus olhos estejam fixos em meu amigo Jesus, minhas mãos, abertas para Deus, meu coração, receptivo ao Espírito, admito que minha boca fica fechada com mais frequência do que costumava estar quando se trata de minha fé, uma ouvinte na presença do Divino. Estou olhando para os rostos, inclinando-me para as conversas, experimentando credos. Estou ouvindo a ressonância, observando as reações que se parecem com as de Jesus. Estou com o ouvido voltado para o chão, para a grade, para a parede com um copo, colocando as mãos em volta das orelhas, silenciando a conversa em minha própria cabeça, ouvindo frases familiares, acusações confiáveis, buscando provas de que definitivamente não pertenço ou de que sem dúvidas pertenço a esse lugar. E se essa curiosidade teológica for uma espécie de cômodo próprio? E se não for um cômodo, mas uma reunião sem paredes? É o incêndio na floresta, além dos trilhos do trem. Minha necessidade, meu desejo e minha obsessão em encontrar o cômodo "certo" me afastam do engajamento, da conexão e de quem Deus é neste momento. Quando estou ocupada procurando maneiras de definir Deus, não sou capaz de vivenciá-lo. Isso é continuar. Isso é um começo.

Em suas próprias áreas de influência, eu me pergunto como seria silenciar o barulho em sua vida, acalmar a tempestade que está ao seu redor (pelo menos por alguns momentos) e avançar para a próxima coisa certa como a pessoa que você é e não como a que acha que deveria ser. Assumir as escolhas que fiz ao navegar pelos vários cômodos da minha vida é uma maneira de praticar a arte da liderança.

Lidere a si mesmo primeiro. Silencie o barulho. Limpe a bagunça. Silencie a vergonha. E depois? Considere que sua próxima atitude correta pode ser perturbadora, trazer desconforto ou revelar uma verdade difícil. Agradar as pessoas está impedindo que você faça sua maior contribuição, diga seu corajoso sim, seu forte não. O que as pessoas mais precisam é de sua presença sólida e de sua firme insistência em estar bem, com ou sem o consentimento delas. Não precisamos que você nos agrade. Precisamos que você nos lidere. Mas primeiro você precisa liderar a si mesmo.

11. Entrar como ouvinte

A curiosidade ilumina nosso caminho até a compaixão.
Shannan Martin, *Start with Hello*

Chego depois de escurecer, com o estacionamento da igreja quase cheio. Fico feliz em ver que a entrada da frente é óbvia, pois nunca tinha ido a essa igreja antes, embora tenhamos amigos queridos que a frequentam regularmente. Não estou atrasada para o culto de ordenação à noite, mas sou uma das últimas a chegar, então me sento perto do fundo e coloco minha bolsa na cadeira vazia ao meu lado. Sem saber o que fazer com as mãos, pego a bolsa novamente e a ponho no chão, aos meus pés. Enquanto esperamos o início do culto, eu me inclino para trás, remexo na bolsa e pego meu celular, clicando em aplicativos sem pensar, como se tivesse algo importante para ver. Algumas pessoas se sentam sozinhas atrás de mim, mas a maioria parece estar com a família ou amigos, envolvidos no tipo de conversa casual que acontece antes do início do culto.

Este mês completa um ano desde que escrevemos a carta aos líderes de nossa antiga igreja, um ano desde que estamos oficialmente sem igreja. John e eu visitamos dois ou três outros lugares de culto na cidade com diferentes graus de regularidade, mas esta noite estou aqui sozinha para celebrar a ordenação de uma das minhas amigas mais queridas como diaconisa na Igreja Anglicana. Embora eu sinta falta dos dias em que ela trabalhava como produtora de eventos e viajava comigo para palestras, agora Melissa trabalha em tempo integral como pastora de jovens em sua igreja e cumpriu todos os requisitos para se tornar membro do diaconato. Em 2013, era ela quem estava ao meu lado naquela conferência em Austin, apoiando meu trabalho. Nove anos depois, estou aqui com outras pessoas para dar testemunho e afirmar sua ordenação.

Quando finalmente me aquieto, noto a fumaça escura do incenso pairando no ar ao meu redor e me surpreendo com as lágrimas que escorrem pelo meu rosto. Sem pensar, sem memória consciente, um convite familiar se apresenta sem ser solicitado em minha mente:

"Venham, todos vocês que estão cansados e com as roupas manchadas pela viagem, com os pés doloridos e famintos; venham com seus companheiros de viagem para encontrar companhia e conforto. Pois aqui Jesus — que sabe o que é vagar, vigiar e lutar em lugares desertos — espera para nos encontrar e nos receber, oferecendo descanso e renovação, consolo e força para a jornada que ainda está por vir."

O que essas lágrimas estão fazendo aqui, de mãos dadas com essa bênção familiar? Por que elas chegaram agora, antes mesmo de o culto começar? Como uma pessoa que sente seu caminho pelo mundo, estou familiarizada com emoções que aparecem sem explicação. Meus sentimentos não são minha única fonte de informação, mas são sempre os primeiros. Talvez eu não entenda totalmente por que me sinto de determinada maneira, mas quase sempre sou capaz de nomear a emoção que sinto. Embora perguntar *por que* geralmente seja inútil, dessa vez não preciso me questionar por muito tempo antes de obter a resposta. Percebo que é porque esta sala tem o exato cheiro da capela do centro de retiro católico no Kansas, onde passei semanas transformadoras nos últimos cinco anos. E essa bênção que me vem à mente é uma que lemos toda vez que chegamos lá.

A maioria de nós não gosta de chorar em público, especialmente entre estranhos. Mas, em um cômodo cheio de gente, na verdade, não são as lágrimas que chamam a atenção. É quando você levanta a mão para enxugá-las — é isso que as pessoas notam. Recusar-se a enxugá-las significa que você se misturará a elas, portanto, nesse momento em que o culto começa, fico completamente imóvel, cantando o refrão familiar, com as bochechas e o pescoço molhados, uma lágrima percorrendo todo o caminho até o meu sutiã.

Quando entrei neste cômodo aqui em minha cidade natal, Greensboro, Carolina do Norte, eu ainda estava manchada pela viagem, com os pés doloridos e faminta: pela comunhão dos amigos, pela conexão comunitária com Deus, por pertencer. Quando John e eu visitamos outras igrejas, repletas de gente gentil e liturgias familiares, não temos pressa e ainda estamos analisando o que significa para nós manter uma cristologia elevada, sermos trinitários em nossa teologia, contemplativos em nossa prática e generosos em nossa ortodoxia. Não somos tolos de achar que encontraremos uma igreja perfeita, mas queremos encontrar uma onde toda a nossa família seja bem-vinda à comunhão sem ressalvas ou segundas intenções, e onde sabemos que toda a família também é bem-vinda.

Pare! 213

Depois de uma bela cerimônia, repleta de significado, ritual e afirmação, fico na parte de trás do santuário e observo enquanto Melissa se dirige aos amigos e familiares que a aguardam sentados perto da frente. Depois de um ou dois minutos, me junto a eles, cumprimento seus filhos, que vi crescer, abraço seu marido, que conheço desde a faculdade. Quando chego até ela, rimos e choramos na mesma hora, pois essa se tornou nossa nova saudação. Eu a amo profundamente e tenho muito orgulho da pessoa que ela é e está se tornando. Enquanto nos abraçamos, relembrando vinte e cinco anos de história compartilhada, ela simplesmente diz o quanto está feliz por saber que eu vim. A multidão ao nosso redor está se movendo do santuário a uma sala adjacente para uma recepção, e nós nos voltamos para essa direção. É um trabalho lento, pois ela continua sendo parada pelos congregantes com cartões, presentes e palavras de afirmação.

Não conheço muita gente no cômodo, então observo principalmente o desenrolar da noite, sua natureza comemorativa, as risadas e conversas que enchem o espaço, a maneira como a luz é refletida nas janelas que viram espelhos, um contraste caloroso com a noite escura de fevereiro. E estou feliz por ser uma ouvinte aqui, por testemunhar tudo isso, por ver o fruto do investimento de Melissa nesta comunidade. Tudo isso é evidência de tempo, raízes profundas e fortes conexões.

Depois de um tempo convivendo e conhecendo novas pessoas, me despeço e vou para o meu carro. Sentada ao volante, percebo uma onda de emoção. Houve um dia em que era a minha família que estava em uma sala cheia de pessoas, cercada de afirmação calorosa, comunidade e apoio. "Nós também já tivemos isso. Também já fomos conhecidos." Ao ligar o carro e voltar para casa, a inveja tenta encontrar um espaço em mim. Mas ela não permanece. Em vez disso, intencionalmente trago meus pensamentos à tona para nomear o que penso e sinto, e intencionalmente escolho o que farei em resposta. Esse movimento nem sempre é tão óbvio e intencional, mas hoje é, e eu presto atenção na seta. Posso dizer que, embora me sinta um pouco triste, também estou tranquila e hesitantemente esperançosa. Por enquanto, também sinto gratidão. Esta é uma nova troca para mim. Aprender a entrar em um cômodo como líder significa ouvir meus sentimentos, honrar quando eles aparecem e me conduzir por eles primeiro. Significa também ouvir meus pensamentos, não apenas os que parecem aceitáveis e agradáveis, mas também os que apontam o que perdi, do que sinto falta e o que gostaria que fosse verdade.

Essa noite tinha grande potencial para me tirar do eixo, para me levar a uma espiral de solidão, ciúme ou arrependimento pelos cômodos dos quais saímos e pelo que deixamos para trás. Mas não foi essa a minha experiência. Melissa e sua família criaram raízes naquela comunidade de fé, e essas raízes geraram brotos, folhas e flores. É um lugar com o qual eles estão comprometidos e no qual permanecem, por enquanto. Foi a escolha certa para eles, e é bom para mim comemorar suas escolhas, mesmo que tenhamos feito outras pelas quais ainda estou sofrendo. Nossa vida está mais tranquila agora e não estamos mais tão ocupados como antes. Mas estou encontrando vozes de confiança no deserto. E não me sinto mais tão solitária.

Ouvir os três centros de nossa inteligência requer coragem. Talvez tenhamos medo de não ter o que é necessário para lidar com o que podemos ouvir. Dediquei toda a minha vida profissional ao trabalho de ouvir, primeiro como intérprete de linguagem de sinais e agora como diretora espiritual. Estou convencida de que é uma das práticas mais transformadoras que podemos ter. No entanto, muitas vezes não priorizamos a escuta, porque ela parece passiva, não busca atenção e não satisfaz nossa compulsão de alcançar, produzir ou resolver. Ouvir pode ser profundamente ineficiente, contraintuitivo para nossa experiência e insultante para nosso resultado final.

O discernimento é uma forma de ouvir que integra o movimento de Deus, nossos desejos mais profundos e nossa conexão com o mundo ao redor. Significa que temos de encontrar uma maneira de acessar nossos sentimentos sem descartar, reprimir, pregar ou nos envergonhar deles. Entrar em um cômodo como ouvinte significa que estamos ouvindo não apenas o ambiente ao nosso redor, mas também o ambiente interno, a casa interior que trazemos conosco, o abrigo de nossa vida interior. O trabalho não é apenas sintonizar, mas também empreender o esforço necessário para permitir que o que existe venha à tona sem ameaça de julgamento, para evitar filtrar o que ouvimos e o que não gostamos. Quando entramos em cômodos como ouvintes, o que estamos ouvindo e para que estamos ouvindo?

Quando me formei na faculdade, consegui meu primeiro emprego oficial como intérprete de linguagem de sinais em uma escola pública local de ensino médio e fui designada para atender um aluno durante o ano. Como intérpretes, somos proficientes em habilidades receptivas e expressivas, responsáveis por comunicar com precisão as aulas do professor e, por outro lado, comunicar as respostas sinalizadas do aluno. Tudo o que acontece em uma escola precisa ser acessível a todos. Eu interpretava de tudo: geometria, álgebra, história, educação física, assembleias do grêmio estudantil, vídeos não legendados, jogos e treinos de basquete, reuniões no vestiário, anúncios matinais e até mesmo alguns dramas de colegas. Fora da sala de aula, durante meu curto período como intérprete, trabalhei em sessões de aconselhamento, simpósios, cerimônias, consultas médicas, assembleias, peças teatrais comunitárias e muito mais. Apesar de eu não atuar como intérprete de língua de sinais, o fato de ter sido treinada no campo da audição, da linguagem e da mediação intercultural exigiu habilidades que uso diariamente agora, como escritora, diretora espiritual e simplesmente como pessoa. Minha lembrança mais pungente do que significa ouvir foi durante meus anos como intérprete em uma universidade local.

Fui escalada para ser intérprete em um almoço de premiação, e a sala estava repleta de doadores de bolsas de estudo, professores, funcionários e estudantes. Pelo menos um aluno surdo estava entre os homenageados naquele dia. Ao entrar no salão de banquetes, encontrei a mesa onde o aluno para o qual fui designada como intérprete estaria sentado, mas o problema é que os organizadores haviam colocado um prato para mim também, como se eu fosse um dos convidados. Na época, eu era uma intérprete novata e queria realmente seguir as regras à risca. E elas diziam que eu estava lá para trabalhar, não para participar. Tecnicamente, não era apropriado que eu almoçasse à mesa, como se fizesse parte do evento. Mas, na prática, eu precisava estar sentada de forma que o aluno pudesse me ver, mas também conseguisse ouvir a conversa ao redor da mesa e falar para as demais pessoas sentadas à mesa o que o aluno queria dizer em voz alta o suficiente para que todos pudessem ouvir. Isso é complicado quando se tenta interpretar durante uma refeição, mas me esforcei para fazer o melhor possível e permanecer profissional.

Quando o garçom chegou com a salada, recusei educadamente. As pessoas ao redor da mesa me incentivaram a comer, passando-me pão e manteiga. Recusei novamente, tendo que repetir a recusa após vários pratos diferentes, até a sobremesa. Em vez de me ajudar a passar despercebida, minha recusa constante acabou chamando mais atenção para mim do que se eu tivesse simplesmente permitido que me servissem e deixasse a comida intocada. Eis o que não entendi: nossos companheiros de jantar não estavam acostumados a ter uma intérprete em sua mesa e não houve tempo para que o aluno os preparasse com antecedência para lidar com uma. Talvez tenha sido a primeira vez que alguns deles tiveram contato com a língua de sinais, a cultura surda ou o processo de interpretação. Eu havia subestimado o quanto esses participantes, muitos deles mais velhos, se sentiriam desconfortáveis com alguém sentado à mesa sem comer. Minha falta de experiência na época fez com que eu confiasse apenas nas regras, em vez de confiar em minha intuição e na leitura do que o momento exigia.

Esse almoço me vem à mente muitas vezes, principalmente em ambientes de grupo em que tenho a tarefa de conduzir ou facilitar uma conversa em uma prática de escuta. Porque há a *prática* e depois há o *lugar*. Se eu me apegar demais à minha agenda planejada, quase sempre perderei a oportunidade de prestar atenção no que está acontecendo ali. É arriscado manter minha própria agenda livre? Sim, com certeza. Mas nunca me arrependo de ter abandonado uma agenda para observar um momento humano cheio de nuances que, de outra forma, poderia ter passado despercebido ou não ter sido mencionado. Bons ouvintes leem o ambiente, tanto o ambiente literal em que estamos quanto o ambiente invisível de nossa própria experiência interna, que pode se manifestar por meio de nossos sentimentos, pensamentos e do nosso corpo.

Eu não sou muito boa em ouvir meu corpo. Há dias em que desejo desesperadamente ser especialista em tudo. Quero conhecer a ciência do cérebro, a psicologia e as fases astronômicas da noite. Quero ser especialista em religião, decoração de interiores e história da igreja. Atualmente, sei um pouco sobre muitas coisas (embora esteja trabalhando para me tornar especialista em algumas delas). Mas uma certeza que tenho é que meu corpo está sempre falando. E também sei que passei grande parte de minha vida ignorando, desconsiderando e descartando o que ele diz.

O que nem sempre sei (e gostaria de ser mais experiente nisso) é o que ele está dizendo, por que está dizendo e o que fazer a respeito disso. Por exemplo, recentemente houve alguns dias em que minhas pernas estavam inchadas. Não excessivamente (eu engravidei de gêmeas, então entendo o que é inchaço excessivo. Não era isso). Mas era uma coisa estranha que nunca acontece comigo. Meu primeiro instinto foi ficar irritada e procurar uma resposta. Meu segundo instinto foi pesquisar no Google. É claro que encontrei muitas causas comuns e preocupantes para pernas inchadas, mas, no final, acabei comendo menos sal, bebendo mais água e dormindo mais. Agora está tudo bem. Então, o que meu corpo estava me dizendo? Acho que era simplesmente: "Preste atenção em mim". Percebemos isso quando estamos gripados e nosso corpo se sente desgastado e cansado. Nosso corpo está sinalizando: "Você não está bem. É hora de descansar". Podemos nos esforçar para superar ou podemos prestar atenção e fazer algo para cuidar de nosso bem-estar.

Quando uma criança pequena se comporta mal, às vezes ouvimos os pais dizerem: "Ah, ignore. Ela só está tentando chamar a atenção". Provavelmente eu também já disse isso quando meus filhos eram pequenos. Mas negar a atenção é uma forma de negligência, e fazemos isso com nosso corpo o tempo todo. Estou aprendendo a prestar atenção, a desacelerar, a ser gentil e compassiva com minha carne e meus ossos. Ouvir meu corpo como faria com um amigo. No entanto, é mais fácil falar do que fazer.

À medida que começa a experimentar a vida depois de sair de determinados cômodos ou decidir ficar mesmo quando as condições não são ideais, você pode passar a perceber todas as maneiras pelas quais teve de se desconectar do seu corpo para ser aceito, para pertencer ou para sobreviver. Ouvir seu corpo nem sempre foi uma prática segura ou bem-vinda. Pode parecer antinatural, indulgente, egoísta ou até mesmo perigoso prestar atenção na experiência do seu corpo em um cômodo. Mas, para se mostrar totalmente à altura de sua vida, para saber se os cômodos em que você está são aqueles onde deve ficar, para contribuir com seus bons e belos dons a fim de influenciar os cômodos em direção a igualdade, justiça, paz e inclusão para todos no reino de Deus, é imperativo que você se torne uma pessoa totalmente integrada. E não dá para fazer isso ignorando a linguagem de seu corpo.

Nossa vida conta uma história que nosso corpo não nos deixa esquecer, e aprender a discernir como o Espírito fala conosco por meio do envolvimento de nossos sentidos reais tem o potencial de fazer com que uma confiança sincera cresça conosco em todos os ambientes em que entramos. Porque, embora eu acredite plenamente nos dons de ser alguém que sente e pensa, também quero passar algum tempo com a prática espiritual de prestar atenção nos meus sentidos, de não valorizar o invisível mais do que o visível, de lembrar que Jesus veio como uma pessoa humana à Terra, embora fosse totalmente Deus no céu. O que significa para nós o fato de ele ter um nariz, dois olhos e uma boca? Jesus com pele morena e unhas é importante para cada cômodo em que entro. O Deus que descansou, riu, chorou, assoou o nariz e tomou banho é um Deus com sentidos corporais.

Em seu livro *Embracing the Body* [Abraçando o corpo], Tara Owens afirma que nosso corpo nos ensina sobre Deus:

É somente em nosso corpo que experimentamos Deus; sem ele, deixamos de existir. Quando nos concentramos apenas em nossa "vida espiritual" — o reino interior do pensamento e do sentimento —, carecemos de compreensão fundamental e de atenção àquilo que está no centro de nossa vida, o único veículo por meio do qual Deus nos alcança e nós alcançamos os outros: nosso corpo encarnado, limitado no tempo e totalmente amado.[1]

Ao entrarmos em cômodos físicos e metafóricos, eis algumas perguntas a serem levadas para ajudá-lo a prestar atenção em sua experiência como corpo:

O que estou vendo? Quando entrar em um cômodo, olhe ao redor e observe quem está lá e quem não está. Preste atenção na luz e nas sombras, nos assentos e nas portas. É uma prática de observação, não de julgamento.

O que estou ouvindo? Quem fala mais e o que diz? O que parece estar me distraindo? O que soa como um lar? O que soa como amor, alegria, paz e paciência para você? Você sente essas qualidades no cômodo?

Que cheiro estou sentindo? É terroso, antisséptico, natural ou limpo? O cheiro é familiar, repugnante ou rançoso? Que lembranças são evocadas pelos cheiros desse cômodo? O que tem um cheiro curioso? O que tem cheiro de conforto?

Que sentimentos estão surgindo? Como é a atmosfera desse cômodo em que você acabou de entrar? O ar está quente ou frio? Você tem vontade de abrir ou de fechar a porta? Percebe conforto ou desconforto em seu corpo ou no espaço ao seu redor? Está ciente de que é bem-vindo ou rejeitado? Como sabe disso? Que sinais seu corpo está lhe dando de que você está se sentindo ansioso, bem-vindo, livre, ignorado ou relaxado?

Ouvir nosso corpo nos conta uma história, mesmo que não completa. Se você entrar em um cômodo e se sentir no mesmo instante ansioso, envergonhado ou desconfortável, isso é um sinal amarelo. Em vez de sair correndo imediatamente pela porta, pense primeiro em seu corpo. O que você vê, ouve, cheira e sente? Quais são os sinais e os indícios? Isso pode desacelerá-lo por tempo suficiente para que sua mente e seu coração alcancem seu corpo. Como aprendemos com a dra. Hillary L. McBride, no Capítulo 7, não confunda as reações emocionais e corporais iniciais com sinais de que algo está errado e você precisa ir embora. Elas podem significar isso, mas não automaticamente. Podemos reconhecer o desconforto sem rotulá-lo como uma seta para o perigo.

Portanto, estamos ouvindo nossos sentimentos, o cômodo e nosso corpo. Ao fazermos isso, perceberemos como o processo de sair de um lugar e entrar em outro pode ser, no mínimo, desorientador e, no máximo, devastador. Talvez você não reconheça mais o ambiente ao seu redor ou a si mesmo. Novas lutas podem surgir nesse processo, novas inseguranças ou perguntas. Como podemos nos manter abertos a um novo cômodo quando sabemos o quão difícil pode ser sair dele um dia? Assim como as raízes no solo ou as ervas daninhas em um jardim, o crescimento toma rumos que não sabemos como planejar, mas também pode produzir flores que nem sonhávamos. Quando uma planta cresce, ela passa por mudanças necessárias, mas nunca volta a ser semente. Ela se torna algo novo. Talvez não haja normalidade para voltar. Talvez haja apenas você, fazendo a próxima coisa certa que sabe fazer e se libertando do corredor.

Pense em como você normalmente avalia as decisões que toma. Analisa o mérito delas com base em como se sente enquanto decide? Como os outros reagem a elas? Elas são tomadas com liberdade, paz e amor? Você chama algo de bom se produz resultados produtivos e de ruim se é um fracasso? O que é sucesso e o que é fracasso, e quem pode dizer qual é qual? São questões importantes a considerar. As métricas pelas quais você mede uma boa decisão podem precisar ser recalibradas, dependendo se você está entrando em um cômodo pela primeira vez ou se deseja ajustar a maneira como entrou no mesmo cômodo no passado.

O que é ainda mais importante do que as decisões que você toma é a pessoa que está se tornando enquanto isso. Quanto menos confiante você se sentir em relação às suas decisões, mais ficará tenso, cerrará a mandíbula, perderá o sono e se repreenderá por ser muito de algo ruim e pouco de algo bom. Se isso acontecer, é mais provável que você não seja gentil consigo mesmo. E se você praticasse fazer o oposto? Quando se sentir preso, em vez de prender a respiração, tente soltá-la. Em vez de repreender a si mesmo, tente dizer palavras de conforto em voz alta. Mesmo que você não acredite totalmente nelas no momento, pronuncie-as com fé como uma prática de esperança, uma forma de professar algo verdadeiro, mesmo que ainda não pareça verdadeiro.

Ao ouvir as pessoas, e se fôssemos o tipo de ouvinte que tira os sapatos em reverência quando elas nos confiam suas histórias, seus medos e suas decepções? E se nos recusássemos rápida e ferozmente a tentar consertar, superar, resgatar, entreter, tirar sarro, repreender ou competir? E se parássemos de tentar preencher os espaços silenciosos com tantas palavras? E se fizéssemos isso não apenas uns para os outros, mas também para nós mesmos, como nossos próprios amigos? Passei mais tempo em silêncio nos últimos dois anos do que talvez na última década inteira, e estou exausta com o esforço, embora abraçar o silêncio se encaixe bem em minha personalidade espiritual específica. Sou grata pelas maneiras como o silêncio me cerca, me acompanha, me conforta e me forma. O silêncio é vivo. Ouvir é a forma de incorporarmos sua energia. Mas ficar quieto e pensativo pode não ser sua forma mais natural de ouvir a si mesmo. É uma maneira, mas não é a única. Conhecer e nomear sua própria personalidade espiritual pode servir como uma seta para a melhor forma de se ouvir bem na presença bondosa de Deus.

Na primeira vez em que entro na capela, sinto-me como se tivesse voltado para casa. A sala está repleta de luz nesta manhã, com raios de sol banhando os bancos de madeira junto às janelas neste espaço onde a maioria dos quakers se reúne por toda a vida. Quando algo ressoa dessa forma, meu instinto é batizar o momento em permanência, reivindicá-lo como meu, mergulhar totalmente em mim mesma. Quero encontrar um ponto-final para esse parágrafo contínuo, para que eu possa encerrar as elipses e fechar esse capítulo interminável. Mas, se o processo de discernimento me ensinou alguma coisa, é que quase sempre não existe *de uma vez por todas*. Existe apenas *por enquanto*. Por mais que às vezes eu anseie pela certeza das raízes, estou começando a descansar na verdade de que as raízes são algo que podemos levar conosco para onde quer que formos, e isso é bom e bonito à sua própria maneira.

A sala está cheia de pessoas cuja fé está profundamente enraizada na escuta. Esse é um valor central comunitário tão elevado aqui que, na reunião semiprogramada da qual participamos recentemente, há até instruções para ouvir em pequenos cartões colados na parte de trás dos bancos. Essas instruções devem ser úteis para qualquer um que não esteja familiarizado com o silêncio mantido em uma reunião quaker, fazendo uma distinção clara entre ouvir e falar.

Os quakers se sentem profundamente à vontade com o silêncio e, nessa reunião em particular, o cronograma é simples, começando com um pouco de música, uma leitura e uma oração. Seu compromisso com a igualdade, a paz, a simplicidade e a verdade é evidente na ordem do culto. O pastor traz uma breve mensagem das escrituras e, em seguida, convida todos a entrarem em silêncio, o que eles chamam de "adoração em espera". Todos os congregantes são convidados a um momento de escuta, incentivados a falar somente se o Espírito os conduzir a isso e a ouvir bem quando os outros falarem. Após alguns momentos de silêncio, alguém se levanta para responder à mensagem. Outra pessoa compartilha um pensamento que teve durante o silêncio, um poema ou uma passagem das escrituras que foi significativa para ela. Em geral é assim: um longo silêncio, uma ou duas pessoas falam brevemente, mais silêncio e então encerramos. Certa vez, uma mulher quebrou o silêncio com um verso simples e assustador do hino "His Eye Is on the Sparrow", sem nenhum comentário adicional, e eu chorei na última fileira sem mover um único músculo. Outras vezes, ninguém diz uma palavra e ficamos sentados em silêncio por vinte minutos inteiros até que alguém encerra o tempo com uma pergunta simples e retórica: "Todos os corações e mentes estão limpos?".

A sala é iluminada, despretensiosa, nada performática e mantém um espírito de bondade aberta. Há uma profunda falta de pressa; até mesmo os raios de luz que passam pelas janelas parecem lentos. Durante nossos primeiros domingos com os quakers na primavera de 2022, eu me lembrava da cena de *Fleabag* em que a personagem de Phoebe Waller-Bridge tem sua revelação feminista em uma capela silenciosa, e essa lembrança me distraía por exatamente metade do tempo de adoração. Mas, com o passar das semanas, essa imagem desapareceu e foi substituída por uma obsessão em medir o silêncio. Eu olhava para o relógio quando o silêncio começava e anotava a hora em um caderninho:

11h32
Quando a primeira pessoa se levantava para falar (se é que alguém falava), eu registrava o horário novamente.

11h43
Ficamos em silêncio por onze minutos inteiros.

Eu anotava o tempo que cada pessoa falou. Depois, quando a próxima pessoa se levantava para falar, eu registrava o tempo entre os oradores.

11h49
No fim das contas, medir não é ouvir.

O controle sempre encontrará um caminho.

Depois de visitar a igreja por seis meses, compartilhei algo durante o culto de espera. Tentei deixar a ideia de lado, mas depois reconsiderei quando ela persistiu. Decidi que preferia evitar a descarga de adrenalina que o Espírito geralmente traz quando as setas apontam para a ação, mas sou lenta para me mover. Fiquei de pé, e o apresentador da manhã trouxe o microfone até mim, esperando enquanto eu colocava meus óculos de leitura e equilibrava meu caderninho na mão esquerda. Li uma bênção de Peter Greig que eu havia escrito meses antes e que me veio à mente. Eu a li lenta e atentamente do penúltimo banco do fundo. Fiquei feliz por ninguém ter se virado. Os quakers não precisam olhar para ouvir.

Encontramos nosso lugar tranquilo entre os quakers naquele verão e ficamos até o outono, o silêncio no culto de espera após o sermão nos prendendo, a pequena comunidade compartilhando limonada rosa no final do culto, sob a árvore de magnólia. Por enquanto, é o lugar certo para nossa família, acolhedor e gentil, embora tenhamos nos mantido distantes, na maioria das vezes. Não temos nos envolvido muito. Mas ainda conta como um lar, se você quiser, mesmo que não seja para sempre. Nosso coração e nossa mente estão claros, pois testemunhamos o trabalho de cura que está em andamento quando nos colocamos na Luz. No momento em que escrevo este capítulo, já se passou um ano desde nossa primeira visita à capela. Ainda estamos participando da adoração com os simpáticos quakers, e não tenho certeza de quanto tempo ficaremos. Mas acreditamos que há um bom motivo para Jesus ter deixado uma comunidade e nos convidado a nos reunirmos uns com os outros. Portanto, continuaremos a fazer o bom e belo trabalho de encontrar nossa comunidade exatamente onde estamos, mesmo que isso leve algum tempo.

Quando nos reunimos em comunidade, sempre há potencial para dor, para falhas de comunicação e diferenças de opinião, experiência e interpretação teológica. Mas também há um grande potencial para o amor, a comunhão e a conexão espiritual. Mesmo assim, sei que nem todos os lares são permanentes. Nem todos os cômodos são. Talvez a maioria deles não seja. Ficamos desorientados quando esperamos que os lugares onde sentimos o gosto de pertencer durem para sempre. Quando eles mudam, achamos que nos perdemos ou fomos abandonados. Achamos que fizemos algo errado. Deixamos de considerar que talvez esse lar tenha sido nosso por um momento, um abrigo contra uma tempestade que se formava, um refúgio contra as chuvas torrenciais da decepção, um lugar para nos curarmos por um momento, mesmo que não para sempre.

12. Entrar como seu próprio amigo

> Oprah: *Existe uma pergunta que você acha*
> *que toda mulher deveria se fazer?*

> Quinta Brunson: *Eu gosto de mim mesma?*
> *Gosto mesmo de mim mesma quando estou num cômodo sozinha?*
> *Quando estou comigo mesma, eu gosto de quem sou?*

O DIA 19 DE JULHO DE 2019 marcou cinquenta anos desde que a *Apollo 11* fez a viagem histórica até a superfície da Lua. A história destaca esse passeio no nosso satélite, mas estaríamos contando uma narrativa diferente se os astronautas não tivessem voltado para casa em segurança. Já assisti a muitos lançamentos de foguetes na TV e a cobertura geralmente começa duas horas antes, sempre com a possibilidade de a decolagem ser adiada por causa do clima. Às vezes, também ouvimos comandos e conversas do centro de controle da missão ou dos próprios astronautas. Se as condições forem favoráveis, no fim teremos uma contagem regressiva para a decolagem, às vezes um cronômetro no canto da tela. E a câmera seguirá o foguete desde a fumaça e o fogo da decolagem até a subida, dando um zoom instável para capturar a cápsula através da lente, com a cabeça de todo mundo virada para cima. É emocionante assistir ao lançamento de um foguete, mas quantas vezes você já assistiu a uma reentrada? Talvez não seja por falta de interesse, mas mais por falta de cobertura. Uma cápsula flutuando de volta à Terra, aterrissando em algum lugar no mar, não ganha a mesma atenção que uma saída atmosférica esfumaçada e ardente. Apesar de toda a ênfase dada às missões ao espaço e ao que acontece quando elas chegam lá, essas missões estariam incompletas sem um plano sólido para trazê-las em segurança para casa.

Há dois tipos principais de reentrada atmosférica: controlada e não controlada. Os detritos espaciais que se lançam pela atmosfera são um tipo de reentrada atmosférica não controlada, muito parecida com um incêndio devastador e descontrolado. Uma espaçonave que volta para casa em um caminho pré-planejado é uma entrada controlada, como uma queimada programada. Mas, só porque foi planejada, não significa que eles tenham controle sobre cada parte. Assim como os mergulhadores que chegam à superfície vindos das profundezas do oceano ou os alpinistas que descem das alturas das montanhas, essas jornadas de reentrada acontecem em fases. O retorno não é um movimento rápido. Há intervalos e pausas a serem considerados, e tudo isso exige tempo e paciência. Viajantes experientes entendem que, a qualquer momento, algo inesperado pode acontecer ou dar errado.

A reentrada tem muitas implicações no corpo de um astronauta, sendo a primeira transição entre o espaço e a atmosfera da Terra. Uma reentrada controlada tem três movimentos: entrada, descida e pouso (EDP). Trata-se de dissipar a energia para garantir um pouso mais suave usando foguetes, balões, compressores de ar e paraquedas. Mas, mesmo com esses dispositivos de segurança e tecnologia avançada, a aterrissagem na Terra a partir do espaço em uma cápsula é descrita como uma série de acidentes de carro para os astronautas. Com a quantidade de calor que o módulo de comando tem de suportar, não é de admirar. Por exemplo, quando a *Apollo 11* retornou à Terra em 1969, a temperatura na superfície do MC [módulo de comando] subiu até quase 3 mil graus Celsius, mas os escudos térmicos protegeram a estrutura interna do MC. [...] Do solo, pareceria que o MC havia pegado fogo durante a descida. Na realidade, a cobertura ablativa foi o que manteve os astronautas dentro do MC seguros — o material desviou o calor à medida que se vaporizava.[1]

Dizem que quando os astronautas retornam à Terra depois de estarem no espaço, mesmo que por apenas algumas semanas, eles se sentem cerca de cinco vezes mais pesados do que esperam ao andar. Quanto mais tempo ficarem em órbita, maior será o impacto em seu corpo. Em 1969, quando Neil Armstrong, Buzz Aldrin e Michael Collins aterrissaram na Terra depois de sua histórica missão lunar, eles tiveram que usar trajes de isolamento como medida de precaução para o caso de trazerem micróbios da Lua. Chegaram a ser borrifados com desinfetante (gosto de imaginar o próprio presidente Nixon espirrando Lysol neles). Tiveram que ficar em isolamento por três semanas inteiras antes de se reunirem com a família. Mais recentemente, quando o astronauta Scott Kelly retornou à Terra depois de um ano em órbita, relatou que seus pés ainda doíam dois meses

PARE! 231

depois de voltar à gravidade. O fato de a reentrada ser difícil não significa que eles estejam fazendo de forma errada. Pelo contrário, essa viagem acidentada e ardente não é um erro; é o verdadeiro caminho de volta para casa.

Às vezes, sair de um cômodo é como acender um fósforo. E nos perguntamos: será que essa é a chama de uma queima controlada, como uma vela ritual ou fogos de artifício comemorativos? Ou é o fogo furioso de um incêndio acidental, que pega todos de surpresa, parecendo arruinar tudo em seu caminho? Se sair de um cômodo é como acender um fósforo, entrar em um pode parecer uma reentrada atmosférica: selvagem, aterrorizante e infinitamente imprevisível. Mesmo quando entrar em um cômodo pareça normal e indefinido do lado de fora, pode ser extremamente desorientador do lado de dentro. Mas o fato de sua entrada parecer caótica não significa que você tenha entrado no lugar errado. Pode significar apenas que você está aprendendo a entrar em um cômodo de forma diferente agora, totalmente consciente e desperto, reconhecendo o que perdeu, ciente do potencial de se machucar outra vez, mantendo a compaixão em relação aos seus pensamentos, sentimentos e intuição.

Podemos entrar nos cômodos com uma inteligência gentilmente integrada, acessando nossos pensamentos, sentimentos e experiências corporais como líder, como pessoa, como coração. Talvez não estejamos no controle, mas estaremos mais *completos*. Minha esperança é de que a estrutura e as práticas deste livro sirvam como foguetes e paraquedas para sua própria reentrada, sua própria entrada em um cômodo. Isso não garantirá uma chegada tranquila, mas apontar e falar, lembrar seu caminho, manifestar a presença e aceitar a direção das setas que você percebe nos corredores continuará a desenvolver dentro de você a prática de abraçar os três centros de sua inteligência.

232   *Emily P. Freeman*

Eles serão seus companheiros de apoio à medida que você se envolver no ritmo saudável e humano de sair de alguns cômodos e encontrar outros novos.

Quando discernimos que é hora de sair de um lugar, especialmente se foi uma decisão difícil, só sabemos o que estamos deixando. Não sabemos o que nos espera no cômodo ao lado. Estou aprendendo que, de alguma forma, algo novo está sempre no aguardo. Pode não ser o que esperamos, pensamos ou até mesmo desejamos.

Mas será alguma coisa.

Quando saímos dos cômodos, podemos dizer, ou ouvir outras pessoas dizerem, que é importante terminar bem, terminar forte, concluir nossa tarefa. Sou fã de terminar bem, mas acho que é importante definirmos nossos termos. O que significa terminar bem? E quem pode afirmar o que é isso?

Dependendo do cômodo e do nosso estado físico, emocional ou espiritual como resultado de estarmos naquele cômodo ou de vivenciarmos a saída dele (foi forçada? Esperada? Planejada? Discernida?), terminar bem pode significar simplesmente *terminar, ponto*. Sair bem pode ter tanto a ver com entrar em um lugar quanto com sair.

Assim como a reentrada atmosférica, sua entrada no próximo cômodo quase sempre será acompanhada de algum grau de imprevisibilidade. Se você saiu de forma dramática ou dolorosa, se houve um grande rompimento, uma morte, um desgosto ou uma divisão, é provável que sua saída tenha sido pesada e exaustiva. Entrar em seu próximo cômodo pode significar encontrar coragem para fazer apenas uma próxima coisa certa: uma viúva que vai ao supermercado sozinha pela primeira vez depois de perder seu parceiro ou parceira; um professor que volta à sala de aula depois de se mudar para uma nova cidade; um aposentado que acorda na manhã de segunda-feira três dias depois de sua festa de aposentadoria; um novo pai ou mãe que retorna ao trabalho depois que sua licença parental termina.

Esses registros de marcos podem parecer indescritíveis por fora, o que pode torná-los fáceis de ignorar. Não haverá uma medalha para eles — nenhuma recompensa, torcida ou prêmio em dinheiro. Não há festa de boas-vindas ou cerimônia de formatura para esses novos começos. Eles serão, em sua maioria, silenciosos, despretensiosos e privados. Mas só porque a reentrada atmosférica é planejada e esperada, não significa que seja tranquila ou sem problemas. A "série de acidentes de carro" não significa que algo está errado. Pode até significar que você está a caminho de casa.

Parte de terminar ou terminar bem depois de sair de um cômodo é entrar no próximo como um ser humano mais plenamente integrado, independentemente do tipo de entrada. A maneira mais simples que consigo imaginar para incorporar esse conceito é entrar em um cômodo como seu próprio amigo.

Da mesma forma que você se fez as Dez Perguntas sobre os cômodos que estava pensando em deixar, aqui estão algumas perguntas finais para fazer a si mesmo sobre aqueles em que está entrando: dez maneiras simples de atravessar as soleiras, dez perguntas para fazer ao entrar em um cômodo.

O que é responsabilidade minha fazer? Uma pergunta emprestada de Suzanne Stabile, e nossa resposta pode não vir rapidamente. Mas ter isso em mente quando entramos em um cômodo pode nos proteger de assumir funções demais ou de tentar viver a vida de outra pessoa.

Onde (ou com quem) posso sentir meus sentimentos com segurança? Dependendo do cômodo, cruzar uma soleira pode trazer à tona muitas emoções. Os sentimentos não precisam ser consertados; eles precisam ser sentidos. Embora talvez não seja apropriado compartilhar seus sentimentos em todos os espaços, é bom conhecer e nomear as pessoas com as quais você se sente seguro para fazer isso no momento certo. E, então, considere se seus sentimentos podem estar carregando uma seta para seguir.

Quem está comigo? É bom incorporar uma prática de presença e consciência. Ao entrar em um cômodo, pense em quem traz consigo: as pessoas que o amaram, os antepassados que você nunca conheceu, o Deus que vê você. Nunca precisamos entrar em um cômodo sozinhos.

Do que eu preciso mais neste momento? Não adianta fingir ou fazer com que pareça bom. Apenas um relato sincero do que você precisa mais: clareza, tempo, pertencimento, compreensão, descanso. Não precisamos encontrar energia para tentar fazer com que nossas necessidades pareçam impressionantes.

Qual é a melhor coisa que poderia acontecer aqui? Nosso padrão poderia ser o oposto: perguntar o que de pior poderia acontecer nos cômodos que habitamos. No entanto, a prática de considerar também as melhores coisas que poderiam acontecer em cada espaço em que entramos nos permite agir sob a bandeira de uma visão esperançosa em vez do fardo de uma possível catástrofe.

O que tenho tido em excesso ultimamente? Essa pergunta, por si só, pode nos ajudar a estabelecer limites nos cômodos de nossa vida e a esclarecer se determinado lugar é bom para nós hoje.

O que mais me incomoda? Muitas coisas podem incomodá-lo, mas talvez uma delas incomode *mais*. É preciso prestar atenção a isso. Você não pode agir em relação a tudo. Mas você pode agir em relação a alguma coisa. O que *mais* o incomoda pode ser sua primeira pista para a próxima coisa certa a fazer.

O que tenho a oferecer? Sua presença é importante aqui, e precisamos do que você tem a oferecer na forma da pessoa que você é, não apenas do que você pode fazer por nós. Saber e nomear o que você tem a oferecer — sabedoria, determinação, clareza, alegria, discernimento, humor — é um presente para todos no cômodo. E fazer isso a partir da consciência e da aceitação de sua própria personalidade espiritual e de seus valores pessoais essenciais permitirá que sua oferta seja exclusivamente sua.

O que precisa ser desfeito? Quando nos deparamos com confusão, tragédia, caos ou dificuldade, geralmente nossa primeira pergunta é: *O que posso fazer?* Considere também o que talvez precise ser desfeito primeiro.

A quem posso pedir ajuda? A longevidade no trabalho de amor, ativismo e ministério requer ajuda. Assim como ser uma pessoa. Vamos ser humanos juntos.

Que a nomeação dê forma ao que antes parecia confuso. E na forma, por mais tênue que ela seja, que você saiba que não está sozinho.

A maneira como entramos em um cômodo sempre trará evidências de nossa formação. Portanto, a tomada de decisões e o discernimento não são coisas que devam ser sistematizadas, simplificadas, generalizadas ou delegadas. Mas é o caminho real pelo qual sou convidada a caminhar para ser moldada mais plenamente à semelhança de Cristo. Porque o processo de discernimento não é, de fato, apenas entrar em uma situação com uma pergunta e sair com uma resposta clara. Na verdade, é um processo de formação necessário para aumentar nossa fé, para nos ensinar a discernir a voz de Deus e para nos atrair para a comunidade. Lembre-se das palavras de Iris Murdoch: "Em momentos cruciais de escolha, a maior parte da tarefa de escolher já está concluída". Os hábitos em minha vida, a maneira como gasto meu tempo, as coisas em que escolho me concentrar podem me moldar de tal forma que minha escolha instintiva seja o amor, a alegria, a paz, a paciência, a gentileza, a bondade, a fidelidade, a mansidão e o autocontrole. Os ritmos de nossa vida sempre influenciarão nossas decisões, para o bem ou para o mal.

Eu acredito em um Deus profundamente interessado e investido em nossa vida; não Deus como desejamos que Ele seja ou Deus como tememos que Ele se mostre ou uma versão maior e mais onisciente de nossos pais ou de nosso pastor ou de nosso padre, mas Deus como Ele realmente é. Meu desejo de que conheçamos Deus juntos não é para saber exatamente o que fazer ou escolher a coisa certa em vez da errada ou ter a crença correta. Mas para saber que você é visto e amado, que não está sozinho, que há paz disponível e que você não é esquecido. Ponto-final. Fim. Sem renúncias.

Veja como isso poderia se manifestar quando você entra em um cômodo:

Seja gentil. Você já sobreviveu a muita coisa. Às vezes, até prosperou. Olhe só você, sendo humano, resiliente e vivo! Essas são coisas para se comemorar. O que sua resiliência lhe custou?

O que você já viveu? Talvez o que você precise lembrar é que tem bons instintos. Que pode confiar em si mesmo. E que algumas coisas são boas o suficiente por enquanto. Portanto, seja gentil consigo mesmo e abra espaço para a gentileza com os outros. Eles também estão sobrevivendo a muita coisa.

Continue crescendo. Em frente à cafeteria onde escrevo estão construindo um supermercado, e a demolição do estabelecimento que até então funcionava ali começou há algumas semanas. É possível ver onde será o novo prédio, mas ainda não há muita coisa lá, exceto equipamentos de construção, pilhas de detritos e montes de terra. Aquele espaço está em um limiar, no meio do caminho de deixar de ser uma coisa e se tornar outra. O que era não existe mais e o que será ainda não chegou. Quando vou para o meu carro depois de sair da cafeteria, noto que alguns desses montes de terra na zona de construção têm grama e outras plantas crescendo. Esse lugar está no meio de uma transição e a grama está crescendo onde não deveria. Mesmo que a terra não fique lá para sempre, ela está lá por enquanto. A semente se enraíza, se enterra na escuridão e se levanta para a luz, porque é isso que as sementes fazem. Elas criam raízes e crescem mesmo que as coisas não sejam assim para sempre, mesmo que tudo esteja prestes a mudar, mesmo que tudo pareça instável, inseguro e incerto. A única coisa que a mudança não muda é o crescimento. Posso evitar, me ressentir ou temer a mudança, mas nunca me arrependo do crescimento. O crescimento real às vezes pode parecer encolhimento, pequenez, morte. Isso não é ensinado na escola.

Crescer como mãe significa que tenho menos influência direta do que costumava ter.

Crescer como proprietária de uma empresa significa que estou delegando minhas funções para a próxima geração de líderes.

Crescer como escritora significa que, às vezes, meu trabalho fica escondido, não é lido e é privado.

Crescer em minha fé significa que minha lista de certezas diminuiu.

Crescer é bom, mas pode não se apresentar como algo mais alto, mais ruidoso, maior ou perceptível.

Alguns dos crescimentos mais profundos que aconteceram em minha vida parecem mais baixos, silenciosos, menores e ocultos.

Se quiser entrar em um cômodo como seu próprio amigo, seja alguém que esteja crescendo. Apenas certifique-se de definir seus termos.

Seja você mesmo. Quando os indícios de seu próprio projeto o assustam, uma escolha que você pode fazer é fugir. Já fiz isso várias vezes. Fiquei em silêncio quando sabia que deveria me manifestar. Fiquei parada mesmo quando me senti compelida a me mexer. Quando indícios de meu próprio potencial apareceram em mim, nem sempre os aceitei. Mas estou começando a fazê-lo. E a sensação é de estar acordando. Espero que todos nós possamos nos beneficiar desse lembrete para prestar atenção em nossa própria voz, em como Deus pode querer agir dentro de nós e ao nosso redor.

E se você pudesse confiar em si mesmo? De fato e de verdade? Não excluindo tudo e todos os outros. Não em você e somente em você, como uma rocha ou uma ilha. Mas e se você pudesse realmente confiar que Deus lhe deu uma mente, um coração e um corpo que são capazes de seguir as setas, fazer escolhas acertadas e discernir os próximos passos com sabedoria? Não quero dizer que há menos bênçãos, dons, liderança ou força na retaguarda, nos bastidores ou nas sombras. Você não precisa estar no centro das atenções para fazer a diferença.

Mas, se tem feito o trabalho sagrado de observar, ouvir e prestar muita atenção, saiba que precisamos de mais de você no mundo. Queremos saber o que você vê, ouve e percebe. E, ao contar, você pode ser você mesmo. Pode dar sua contribuição exclusiva à sua maneira.

Portanto, se você sentir um chamado, um convite, um aceno para entrar em um cômodo, mas ficar assustado ou intimidado, lembre-se da diferença entre a paz que vem de fazer a coisa profundamente certa e o alívio que vem de evitar. Há muitos de nós aqui com você. Você não está sozinho.

Finalmente, esteja no fim. Deixe que a última coisa acabe logo. Se você ainda não teve um ritual para marcar seu fim, comece um. Escolha um momento para dizer um adeus específico. Pode ser algo simples, como cinco minutos de silêncio, ou extravagante, como um fim de semana inteiro de brindes comunitários. Não importa o que seja, pense um pouco sobre como você colocará um ponto-final em seus finais. E, em seguida, transforme isso em uma ação, seja com um chapéu de festa, um brinde, uma oração ou uma caminhada. Lembre-se de que o objetivo não é terminar com elegância, mas apenas concluir algo. Fazer isso de forma bem-feita e com plenitude.

Nestes últimos anos, ao lidar com a dor de abrir mão de algumas coisas que ajudei a construir e da certeza que eu tinha (ou achava que tinha) sobre Deus, igreja, maternidade e muito mais, fiz uma paz imperfeita com meus próprios finais. Ao longo do caminho, estou ciente da tentação de pintar os cômodos do passado com apenas um tom em minha memória, tornando-os inteiramente escuros ou claros. Mas isso seria injusto e falso. Embora eu tenha tido momentos em que pensei que seria mais fácil imaginar a igreja como uma vilã (tanto a que deixamos quanto a instituição como um todo), meu amigo Jesus não permitirá isso. Ainda amo e muitas vezes sinto falta daquela pequena igreja, e tenho esperança na igreja global da qual todos nós fazemos parte.

Há mais em nossa história — sempre há. Há mais na história de nossa antiga igreja e nas coisas pelas quais eles passaram desde que saímos, o que me dá esperança para o que pode estar por vir. Mantivemos amizade e conexão com várias famílias que ainda frequentam aquele local, inclusive algumas que fazem parte da equipe. Todos nós estamos aprendendo, crescendo e nos transformando. Há mais em toda a nossa dor naquele ano do que apenas o que compartilhei nestas páginas. E há mais em sua história também.

Embora eu tenha lamentado a perda de alguns dos cômodos dos quais saí imperfeitamente e sentido as dores do crescimento que vêm com a entrada em novos espaços, fui incentivada a aprender que, quando saímos de um cômodo, não entramos em um vazio. Algo novo está sempre à nossa espera.

À medida que avançamos em todos os cômodos de nossa vida, continuaremos a carregar a pergunta: "É bom para mim ficar ou é hora de ir embora?". Às vezes, as setas apontam para a permanência. Outras vezes, elas nos levam a partir. Nem sempre há uma resposta clara, e qualquer movimento é um ato de fé, coragem e paciência. Em meio a tudo, isto permanecerá: o amor de Deus, a amizade de Jesus, a comunhão do Espírito e a beleza de quem estamos nos tornando. Juntos, entraremos nos cômodos como nosso próprio amigo. Ao fazermos isso, aprendemos algumas coisas ao longo do caminho.

Estou aprendendo que, embora minha tendência natural seja recuar e me misturar, muitas vezes sou chamada a tomar a frente.

Estou aprendendo a levar a paz comigo para uma situação caótica.

Estou aprendendo a me sentar por dentro, mesmo quando tenho de me levantar por fora.

Estou aprendendo a confiar em todas as maneiras pelas quais Deus se manifesta ao meu redor e dentro de mim, e a reagir com confiança mesmo na incerteza.

Estou aprendendo que posso ser meu eu pleno, feminino, criativo e autêntico, e isso não é uma obrigação. É uma necessidade. Uma força. Um presente.

Estou aprendendo a ter coragem de falar, mesmo quando não parece natural, mesmo quando há oposição, mesmo quando não quero.

Estou aprendendo que posso ser líder mesmo quando não estou no comando. Aliás, esse é um chamado imperativo.

Nem sempre me lembro dessas coisas quando entro em um cômodo, mas estou aprendendo. E isso está fazendo a diferença.

Por mais que às vezes eu deseje que seja de outra forma, o trabalho de Deus não é fazer tudo novo. O que Deus está muito interessado em fazer é *tornar novas* todas as coisas que já existem. Nada é jogado fora. Tudo está sendo renovado. O reino permanece forte e inabalável. E o reino está em você. Portanto, erga sua delicada taça de nuances e eu erguerei a minha também. Juntos, brindaremos gentilmente à beleza e à justiça enquanto encontramos um caminho esperançoso para seguir em frente em meio à neblina.

Nossa jornada foi marcada pela palavra "alma", como sempre devem ser os caminhos de discernimento. Ao encerrarmos nosso tempo, tomarei emprestada uma prática de oração de nossos amigos quakers, na qual manterei você na Luz:

Ao considerar os cômodos em que está, os cômodos que deixou e os cômodos em que está pronto para entrar, manterei você na Luz.

Enquanto você avalia os cômodos de sua vida, aponta para o que é verdadeiro, diz em voz alta e considera se é hora de ir embora, manterei você na Luz.

Enquanto você carrega as perguntas que esses cômodos levantam dentro e ao redor de você — se candidatar ou não, aceitar ou recusar, continuar tentando ou deixar para lá, falar ou ficar quieto, seguir em frente ou se aprofundar —, manterei você na Luz.

Enquanto você estiver em corredores que parecem não ter fim, perguntando-se se tem um lugar ao qual pertencer, questionando a próxima coisa certa a fazer, curando-se da dor e da confusão das despedidas, manterei você na Luz.

Enquanto você se aproxima de novos limiares de possibilidades, com o coração repleto de esperança, a cabeça cheia de curiosidade, o corpo pulsando com energia nova, manterei você na Luz.

Enquanto você navega por todos os cômodos da sua vida como a pessoa que é e está se tornando, manterei você na Luz.

Manterei você na Luz de Deus, que é nosso pai, de Cristo, que é nosso amigo, e do Espírito, que é nosso Conforto Divino.

Em suas chegadas e partidas, que a paz seja sua amável companheira, incorporando seus cômodos, saindo e caminhando com você aonde quer que vá.

Amém.

Notas

Parte 1: Sobre ir embora: como sair de um cômodo

1. Tuama, Pádraig Ó & Nelson, Marilyn. "So Let Us Pick Up the Stones over which We Stumble, Friends, and Build Altars". *On Being*, 6 set. 2018. Disponível em: https://onbeing.org/programs/padraig-o-tuama-and-marilyn-nelson--so-let-us-pick-up-the-stones-over-which-we-stumble-friends-and-build-altars/.

1. *Cômodos e scripts*

1. Young, Jeffery R. "Researcher Behind '10,000-Hour Rule' Says Good Teaching Matters, Not Just Practice". *EdSurge*, 5 maio 2020. Disponível em: https://www.edsurge.com/news/2020-05-05-researcher-behind-10-000-hour--rule-says-good-teaching-matters-not-just-practice.

2. *Apontar e falar*

1. Richarz, Allan. "Why Japan's Rail Workers Can't Stop Pointing at Things". *Atlas Obscura*, 29 mar. 2017. Disponível em: https://www.atlasobscura.com/articles/pointing-and-calling-japan-trains.

2. Clear, James. *Atomic Habits: Tiny Changes, Remarkable Results: An Easy & Proven Way to Build Good Habits and Break Bad Ones*. Nova York: Avery, 2018, p. 67. [Edição brasileira: *Hábitos atômicos: um método fácil e comprovado de criar bons hábitos e se livrar dos maus*. São Paulo: Alta Books, 2019.]

3. Holly Good, entrevista pela autora, Charlotte, NC, 15 jan. 2012. "Sinais vermelhos minúsculos raramente encolhem; eles só crescem." Anos atrás, ao pedir conselhos sobre como aceitar uma possível palestra que estava se mostrando cada vez mais desafiadora, minha amiga Holly Good me disse isso. Ela me advertiu que, se eu tivesse a sensação de que algo estava errado no início, era provável que, no final, as coisas piorassem. Descobri que suas palavras continuam sendo verdadeiras, tanto profissional quanto pessoalmente.

3. Identificar o fim

1. "From the Great Resignation to Lying Flat, Workers Are Opting Out". *Bloomberg Businessweek*, 7 dez. 2021. Disponível em: https://www.bloomberg.com/news/features/2021-12-07/why-people-are-quitting-jobs-and-protesting--work-life-from-the-u-s-to-china.

2. "Why Are Some Chinese Embracing 'Lying Flat'?". bbc *Business Daily*, 19 jan. 2022. Disponível em: https://www.bbc.co.uk/programmes/w3ct1jpr#:~:.

3. Bandurski, David "The 'Lying Flat' Movement Standing in the Way of China's Innovation Drive". *Brookings*, 8 jul. 2021. Disponível em: https://www.brookings.edu/articles/the-lying-flat-movement-standing-in-the-way-of-chinas--innovation-drive/.

4. Lembrar seu caminho

1. Ungar, Lynn. "The Path". *Breathe*. [S.l.]: Lynn Ungar, 2020, p. 18. Usado com permissão.

2. Willard, Dallas. *The Divine Conspiracy: Rediscovering Our Hidden Life in God*. San Francisco: Harper, 1998, p. 68.

3. Murdoch, Iris. *The Sovereignty of Good*. Londres / Nova York: Routledge Classics, 1971, p. 36. [Edição brasileira: *A soberania do bem*. Tradução de Julián Fuks. São Paulo: Editora Unesp, 2013.]

4. Thomas, Gary. *Sacred Pathways*. Michigan: Zondervan, 2000, p. 25.

5. Silf, Margaret. *Inner Compass: An Invitation to Ignatian Spirituality*. Chicago: Loyola, 1999, p. 98.

6. Willard, Dallas. *The Great Omission*. San Francisco: HarperCollins, 2006.

7. Palmer, Parker J. *Let Your Life Speak*. San Francisco: Jossey-Bass, 2000, p. 5.

8. "The Inner Life of a Leader", palestra dada em 14 abr. 2021 na Friends University.

5. Praticar mudar de ideia

1. Buono, Page. "Quiet Fire: Indigenous Tribes in California and Other Parts of the us Have Been Rekindling the Ancient Art of Controlled Burning". *The Nature Conservancy*, 2 nov. 2020. Disponível em: https://www.nature.org/en-us/magazine/magazine-articles/indigenous-controlled-burns-california/.

2. McMahon, Sharon (@sharonsaysso). "Anybody who changes their mind […]". *Story* do Instagram, 14 mar. 2022. Disponível em: https://www.instagram.com/sharonsaysso/.

3. McLaren, Brian. "Evolving Faith and Repentance" (discurso, Evolving Faith Conference, Atlanta, ga, 13 out. 2022).

4. Bianco, Robert. "What usa *Today* Said About the *Seinfeld* Series Finale 20 Years Ago". usa *Today*, 14 maio 2018. Disponível em: https://www.usatoday.com/story/life/tv/2018/05/14/seinfeld-finale-20th-anniversary-usa-today-review/608932002/.

Parte 2: Sobre pausar: discernimento no caminho

6. Setas e respostas

1. Freeman, Emily P. "The Enneagram and Decision-Making with Suzanne Stabile". *The Next Right Thing*, 15 nov. 2022. Disponível em: https://emilypfreeman.com/podcast/253/.

2. Brown, Valerie. "Deep Speaks to Deep: Cultivating Spiritual Discernment through the Quaker Clearness Committee". *Presence: An International Journal of Spiritual Direction*, v. 23, n. 4, p. 20, dez. 2017. Disponível em: https://www.valeriebrown.us/wp-content/uploads/2014/12/Deep-Speaks-to-Deep-Cultivating-Spiritual-Discernment-through-the-Quaker-Clearness-Committee.pdf.

3. "The Russell Moore Show: Beth Moore Didn't Expect Us to Be Us". *Christianity Today*, 7 out. 2021. Disponível em: https://www.youtube.com/watch?v=_YJlWWMz_wA.

4. Rivera, Bridget Eileen. *Heavy Burdens: Seven Ways LGBTQ Christians Experience Harm in the Church*. Michigan: Brazos Press, 2021.

5. "2022 National Survey on LGBTQ Youth Mental Health". *The Trevor Project*. Disponível em: https://www.thetrevorproject.org/survey-2022/#intro.

6. Centers for Disease Control and Prevention. *Youth Risk Behavior Survey Data Summary & Trends Report: 2011-2021*. 13 fev. 2023. Disponível em: https://www.cdc.gov/healthyyouth/data/yrbs/pdf/YRBS_Data-Summary--Trends_Report2023_508.pdf.

7. N. T. Wright dd frse, University of St. Andrews. *Calvin College January Series*, 24 jan. 2017. Disponível em: https://ntwrightpage.com/2017/01/30/the--royal-revolution-fresh-perspectives-on-the-cross/.

8. Taylor, Barbara Brown. *Learning to Walk in the Dark*. San Francisco: HarperOne, 2014, p. 129.

7. Paz ou evitação

1. Gorman, Amanda. *The Hill We Climb*. Nova York: Penguin Random House, 2021, p. 3.

2. Freeman, Emily P. "How to Make Embodied Decisions with Dr. Hillary L. McBride". *The Next Right Thing*, 15 fev. 2022. Disponível em: https://emilypfreeman.com/podcast/213/.

3. Nagoski, Emily & Nagoski, Amelia. *Burnout: The Secret to Unlocking the Stress Cycle*. Nova York: Ballantine, 2019, p. 27. [Edição brasileira: *Burnout: o segredo para romper com o ciclo do estresse*. Tradução de Clóvis Marques. Rio de Janeiro: BestSeller, 2020.]

8. Prontidão ou pontualidade

1. "Creating Saturday Night Live: Film Unit". *Saturday Night Live*, 22 abr. 2019. Disponível em: https://www.youtube.com/watch?v=FXJKfK_aMDI.

2. Fey, Tina. *Bossypants*. Nova York: Little, Brown, 2011, p. 123. [Edição brasileira: *A poderosa chefona*. Tradução de Mariana Lopes. Rio de Janeiro: BestSeller, 2013.]

3. Purifoy, Christie. *Placemaker*. Michigan: Zondervan, 2019, p. 46.

9. Finais e encerramentos

1. Lewis, C. S. C. S. *Lewis Letters to Children*. Nova York: Simon & Schuster, 1995, p. 64.

2. Rolheiser, Ronald. *The Holy Longing: The Search for a Christian Spirituality*. Nova York: Doubleday, 1999, p. 62.

3. L'Engle, Madeleine. *A Circle of Quiet*. Nova York: Farrar, Straus and Giroux, 1972, p. 199-200.

Parte 3: Sobre entrar: como entrar em uma nova realidade

10. Entrar como líder

1. Aniftos, Rania. "Claudia Conway Wants to 'Get Out of the Drama', Auditions for 'American Idol'". *Billboard*, 15 fev. 2021. Disponível em: https://www.billboard.com/music/music-news/claudia-conway-american-idol-9526277/.

2. Friedman, Edwin H. *A Failure of Nerve: Leadership in the Age of the Quick Fix*. Nova York: Church Publishing, 2017, p. 15-6.

3. Friedman, Edwin H. *A Failure of Nerve*, p. 29.

4. Taylor, Barbara Brown. *Leaving Church: A Memoir of Faith*. San Francisco: Harper, 2007, p. 81.

5. Zahnd, Brian. *When Everything's on Fire*. Illinois: InterVarsity Press, 2021, p. 46.

11. Entrar como ouvinte

1. Owens, Tara M. *Embracing the Body*. Illinois: InterVarsity Press, 2015, p. 59.

12. Entrar como seu próprio amigo

1. Strickland, Johnathan. "How the Apollo Spacecraft Worked". *How Stuff Works*, 10 mar. 2008. Disponível em: https://science.howstuffworks.com/apollo-spacecraft7.htm.

AGRADECIMENTOS

ESTE É UM LIVRO que queria chegar em um período muito específico. Eu não estava pronta para escrevê-lo um dia antes e não tenho certeza se conseguiria fazer isso agora se tivesse esperado mais. Alguns livros são assim, eu acho. Graças às pessoas a seguir, consegui encontrar estas palavras antes que fosse tarde demais e, por isso, ofereço minha sincera gratidão. É uma honra estar neste cômodo com vocês.

Obrigada à minha agente literária, Lisa Jackson, e à equipe da Alive por acreditarem neste livro desde a ideia até a prateleira. Vocês fazem com que esse trabalho estranho não pareça tão esquisito.

Obrigada às equipes editorial, de marketing, vendas e publicidade da HarperOne, especificamente à minha editora Katy Hamilton, cuja orientação e clareza tornaram esta obra muito melhor. É uma honra trabalhar com vocês. E ao diretor de arte Stephen Brayda, que é puro deleite. Obrigada por ter tornado a edição original deste livro tão linda.

Continuo grata pela experiência e pelo conhecimento de marketing da equipe da Unmutable, especificamente Caleb e Ana Peavy, que oferecem profissionalismo pastoral a todo momento.

Sou grata pela equipe da EPF, sem a qual eu seria uma poça derretida no chão: Mary Freeman, Ashley Sherlock e Ginna Neel. Obrigada por acreditarem neste trabalho e oferecerem sua experiência, criatividade e paciência para que pudéssemos colocá-lo nas mãos das pessoas que mais precisam dele.

Tenho uma profunda gratidão aos meus colegas diretores espirituais da comunidade Anam Cara, bem como aos estudantes e colegas da Friends University. Todos me ensinaram o que significa praticar uma ortodoxia generosa.

Bridget Eileen Rivera, obrigada por me incentivar ainda mais.

Obrigada às Olivias. Estamos guardando um lugar para vocês.

Às mulheres brilhantes de meus dois grupos de escritores que me incentivaram e me apoiaram neste trabalho: Mariah Humphries, Natasha Sistrunk Robinson, Grace Cho, Kat Armas, Shannan Martin, Annie Downs e Amber Haines. Obrigada.

Obrigada à minha diretora espiritual, Marion, que tem mantido um espaço sagrado por mais de uma década.

Nem todos os cômodos têm paredes, e sou grata pelos espaços virtuais onde posso me reunir com os leitores que assinam a minha newsletter, *The Soul Minimalist*, e os ouvintes do *The Next Right Thing*. Sem suas perguntas, curiosidade e apoio, eu jamais teria escrito este (ou qualquer outro) livro.

Um agradecimento especial a Knox McCoy e Jamie B. Golden por seu trabalho no *The Popcast* e no *The More You Know*, que me fizeram companhia durante as noites em que eu não conseguia dormir porque estava preocupada em terminar este livro. Seu ministério do humor é real e necessário.

Aos meus Hereges Amáveis locais, que sabem o que é sair de cômodos que não servem mais: sua disposição de manter um espaço gracioso é vital e, às vezes, salva vidas.

Aos amigos que ouvem sem tentar oferecer milhões de soluções, vocês continuam a nos dar coragem: Melissa e Randy, Marshall e Diane, e Hannah e Michael. A vocês, obrigada.

Famílias Morland, Smith, Freeman e Krege, obrigada por seu apoio e entusiasmo em relação ao meu trabalho e por sempre perguntarem como está indo.

Aos meus queridos amigos, que nos tornam os mais sortudos. Kendra Adachi, obrigada por ser testemunha de literalmente tudo. Jamais gostaria de fazer este trabalho sem você. Anna Kimbrough, você teve que deixar alguns cômodos queridos cedo demais. Estou feliz por estar nisso com você. Shannan Martin, obrigada por querer todos os detalhes e depois pedir mais. Você faz com que ficar e sair não pareça tão assustador.

Obrigada à minha irmã mais velha, Myquillyn, que ouve cada decisão que tomo na vida e no trabalho. Por favor, nunca deixe de atender seu telefone.

Minha mais profunda gratidão a Ava, Stella e Luke, que continuam sendo os seres humanos mais corajosos que conheço. A maior honra da minha vida é ver vocês se tornarem quem são. Obrigada por acreditarem em nós.

John, não importa em que cômodo eu entre, sempre procurarei por você primeiro. Obrigada por torcer por este livro e por confiar em mim para escrevê-lo.

Deus, nosso pai, amigo e santo: obrigada por servir como anfitrião na cabeceira da mesa mais longa. Você é melhor do que poderíamos imaginar.

Amém.

ESTE LIVRO, COMPOSTO NA FONTE FAIRFIELD,
FOI IMPRESSO EM PAPEL IVORY SLIM 65G/M² NA COAN.
TUBARÃO, BRASIL, ABRIL DE 2025.